em

neu

2008

Deutsch als Fremdsprache – Niveaustufe B1+

Brückenkurs

Kursbuch + Arbeitsbuch
Lektion 1–5

Michaela Perlmann-Balme
Susanne Schwalb
Jutta Orth-Chambah
Dörte Weers

Hueber Verlag

AB 8 3 = Arbeitsbuch: Seite und Aufgabennummer

GR 5 = Aufgabe zur Grammatik

GR S. 20/1 = Grammatikanhang der Lektion auf der angegebenen Seite

ÜG S. 118 = Verweis auf die *em* Übungsgrammatik (ISBN 978-3-19-001657-0)

zu Seite 10, 4 = Kursbuch: Seite und Aufgabennummer

5. 4. 3.   Die letzten Ziffern
2014 13 12 11 10   bezeichnen Zahl und Jahr des Druckes.
Alle Drucke dieser Auflage können, da unverändert,
nebeneinander benutzt werden.
1. Auflage
© 2008 Hueber Verlag, 85737 Ismaning, Deutschland
Verlagsredaktion: Maria Koettgen, Dörte Weers, Thomas Stark, Hueber Verlag, Ismaning
Layout: Marlene Kern, München
Zeichnungen: Martin Guhl, Duillier Genf
Druck und Bindung: Druckerei Stürtz GmbH, Würzburg
Printed in Germany
ISBN 978-3-19-541696-2

INHALT KURSBUCH

INHALT ARBEITSBUCH

INHALT ARBEITSBUCH

KURSPROGRAMM

KURSPROGRAMM

VORWORT

Liebe Leserin, lieber Leser,

in den vergangenen Jahren haben viele erwachsene Lernende weltweit ihre Deutschkenntnisse mit dem Lehrwerk *em* Brückenkurs ausgebaut. Dieses Lehrwerk eignet sich für Lernende, die das *Zertifikat Deutsch* oder eine vergleichbare Qualifikation anstreben.

Wenn Sie alle Lektionen in Kurs- und Arbeitsbuch erfolgreich durcharbeiten, können Sie am Ende eines Kurses das Niveau B1+ (Erweiterung und Vertiefung des Niveaus B1) erreichen, das im *Gemeinsamen europäischen Referenzrahmen für Sprachen* als die dritte von sechs Stufen beschrieben ist.

Das flexible Baukastensystem von *em* erlaubt es Ihnen, in einem Kurs ein Lernprogramm zusammenzustellen, das auf Ihre Bedürfnisse abgestimmt ist. Mit *em* werden die vier Fertigkeiten – Lesen, Hören, Schreiben und Sprechen – systematisch trainiert. Dabei gehen wir von der lebendigen Alltagssprache aus. Das breite Spektrum an Texten, die Sie im Inhaltsverzeichnis aufgelistet finden, spiegelt die aktuelle Realität außerhalb des Klassenzimmers wider, für die wir Sie fit machen wollen.

Sie begegnen Werken der deutschsprachigen Literatur ebenso wie Texten aus der Presse und dem Rundfunk. Beim Sprechen und Schreiben lernen Sie mit praxisorientierten Anlässen sprachlich agieren. Sie trainieren Strategien für Diskussionen, Beratungs- und Auskunftsgespräche und Verhandlungen, die Sie in der Arbeitswelt wie auch im Studium gut gebrauchen können. Schreiben üben Sie unter anderem an modernen elektronischen Kommunikationsformen wie E-Mails.

Unser Grammatikprogramm stellt Ihnen bereits Bekanntes und Neues im Zusammenhang dar. So können Sie Ihr sprachliches Wissen systematisch ausbauen. Auf den letzten Seiten jeder Lektion ist der Grammatikstoff übersichtlich zusammengestellt.

Das Arbeitsbuch bietet vielseitige Übungen zum Nachbereiten des Unterrichts und zum Selbstlernen. Jeweils auf der letzten Seite eines Arbeitsbuchkapitels finden Sie Checklisten, mit deren Hilfe Sie Ihren Weg zum Erreichen des Niveaus B1 nachvollziehen und aktiv beobachten können. Zusätzliches Übungsmaterial sowie Online-Aufgaben finden Sie im Internet unter www.hueber.de/em-neu/.

Viel Spaß beim Lesen, Lernen und Durcharbeiten
wünschen Ihnen

die Autorinnen

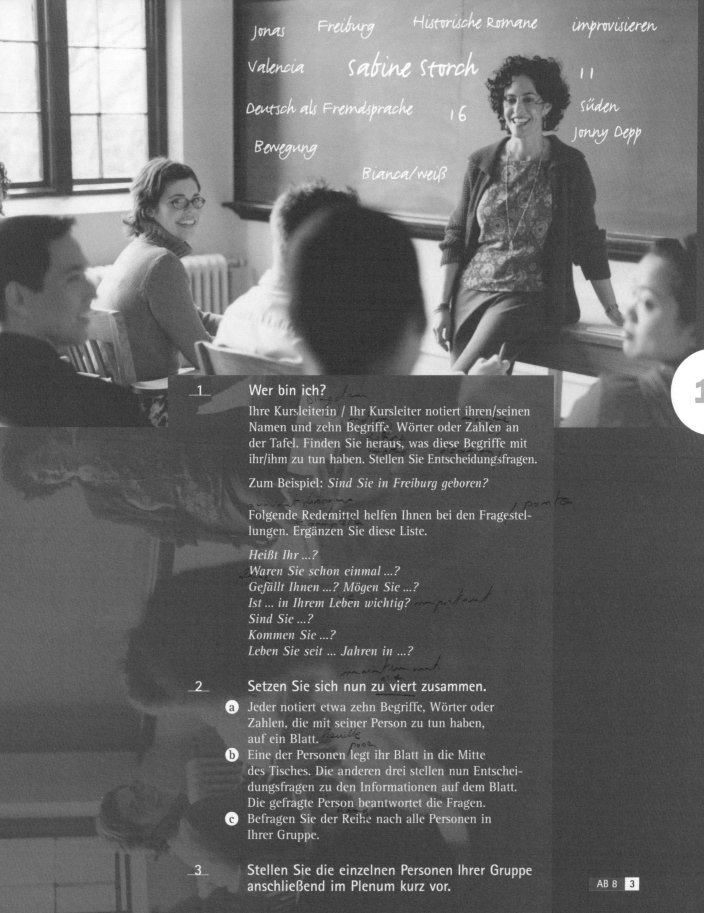

Jonas   Freiburg   Historische Romane   improvisieren

Valencia   **Sabine Storch**   11

Deutsch als Fremdsprache   16   süden   Jonny Depp

Bewegung

Bianca/weiß

_1_ Wer bin ich?

Ihre Kursleiterin / Ihr Kursleiter notiert ihren/seinen Namen und zehn Begriffe, Wörter oder Zahlen an der Tafel. Finden Sie heraus, was diese Begriffe mit ihr/ihm zu tun haben. Stellen Sie Entscheidungsfragen.

Zum Beispiel: _Sind Sie in Freiburg geboren?_

Folgende Redemittel helfen Ihnen bei den Fragestellungen. Ergänzen Sie diese Liste.

Heißt Ihr ...?
Waren Sie schon einmal ...?
Gefällt Ihnen ...? Mögen Sie ...?
Ist ... in Ihrem Leben wichtig?
Sind Sie ...?
Kommen Sie ...?
Leben Sie seit ... Jahren in ...?

_2_ Setzen Sie sich nun zu viert zusammen.

a Jeder notiert etwa zehn Begriffe, Wörter oder Zahlen, die mit seiner Person zu tun haben, auf ein Blatt.

b Eine der Personen legt ihr Blatt in die Mitte des Tisches. Die anderen drei stellen nun Entscheidungsfragen zu den Informationen auf dem Blatt. Die gefragte Person beantwortet die Fragen.

c Befragen Sie der Reihe nach alle Personen in Ihrer Gruppe.

_3_ Stellen Sie die einzelnen Personen Ihrer Gruppe anschließend im Plenum kurz vor.

AB 8 **3**

9

SPRECHEN 1

1 **Arbeit und Freizeit**

Bilden Sie Dreiergruppen. Sehen Sie sich die Fotos an und überlegen Sie:

a Sehen Sie diese Personen gerade in ihrer Freizeit oder bei der Arbeit?

b Welche Art von Tätigkeit üben diese drei Personen aus?

Bürotätigkeit – kreative – leitende – manuelle – soziale – wissenschaftliche –
im Dienstleistungssektor – in der Landwirtschaft – in der Industrie

2 **Ordnen Sie die Redemittel den folgenden Aspekten zu.**

a Denken Sie sich eine Person aus. Welche Tätigkeit / welchen Beruf übt diese Person aus?

b Wie sieht der Tagesablauf aus?

c Wie sind Arbeit und Freizeit geregelt?

d Wie gefällt der Person die Tätigkeit? Was würde sie gern ändern?

Ich bin ... von Beruf. *Ich arbeite als ...* *Als ... beschäftigt man sich mit ...* *In meinem Beruf muss man vor allem ...*	a
Ich trenne Arbeit und Freizeit (nicht) streng. *Ich arbeite (nicht) sehr regelmäßig.* *Ich würde gern mehr/weniger arbeiten, aber ...*	c
Ich arbeite täglich von ... bis ... *Ich muss am Wochenende nie/immer/manchmal arbeiten.* *Am liebsten arbeite ich ...*	b Tagesablauf
Ich finde meinen Beruf interessant/ *langweilig/anstrengend/..., weil ...* *Ich würde gern mehr verdienen.* *Ich hätte gern mehr Freizeit / mehr Freiheit in der Arbeit.*	d

3 **Stellen Sie nun Ihre Person im Kurs vor. Variieren Sie dazu dieses Beispiel.**

Ich arbeite als freier Schriftsteller. Arbeit und Freizeit sind bei mir nicht streng getrennt. Eigentlich arbeite ich immer. Am liebsten und besten arbeite ich spätabends, wenn andere Menschen schon schlafen. Mir gefällt meine Arbeit total gut, weil sie kreativ ist. Allerdings würde ich gerne mehr verdienen. Bis jetzt habe ich nämlich noch keinen Bestseller geschrieben.

4 **Interview**

Suchen Sie einen Lernpartner / eine Lernpartnerin und stellen Sie Fragen zu den Aspekten aus Aufgabe 2. Stellen Sie ihn/sie anschließend im Kurs vor. AB 9 4

<u>1</u> Vermutungen → *Speculation (?)*

Sehen Sie sich das Foto an. Wie alt ist der Mann wohl? Was könnte er von Beruf sein?

Der Mann müsste ungefähr ... Jahre alt sein.
Ich schätze ihn auf circa ... Jahre.
Er ist wahrscheinlich ...
Vermutlich ist/macht/geht/... er ...

<u>2</u> Hören Sie nun den ersten Teil eines Interviews
CD 1|1 mit Thomas W.

Ergänzen Sie die Informationen im Kasten und vergleichen Sie sie mit Ihren Vermutungen.

Thomas W.	
Wohnort:	München
Alter:	29
Ausbildung:	Studium
Beruf:	der Steuerberater

<u>3</u> Hören Sie den zweiten Teil des Interviews in Abschnitten.

Lesen Sie die Aufgaben jeweils vor dem Hören. Welche der folgenden Aussagen sind richtig, welche falsch? Kreuzen Sie an.

			richtig	falsch
Abschnitt 1	a	Thomas W. steht seit 1³/₄ Jahren im Berufsleben.	☒	☐
CD 1|2	b	Er hat sich sehr verändert, seit er berufstätig ist.	☐	☒
	c	Seit er im Berufsleben steht, hat er weniger Zeit für sich selbst.	☒	☐
	d	Während des Studiums hat er nie Bier getrunken.	☐	☒
Abschnitt 2	e	Thomas' Vorstellungen vom Berufsleben haben sich ganz erfüllt.	☐	☒
CD 1|3	f	Thomas ist verheiratet und hat einen kleinen Sohn.	☒	☐
	g	Während des Studiums hatte Thomas viel weniger Zeit, sich auch privat weiterzuentwickeln.	☐	☒
	h	Er interessiert sich für Kunst, Geschichte und Musik. Leider hat er nur noch wenig Zeit dafür.	☒	☐
Abschnitt 3	i	Früher hat Thomas *les poésie* Gedichte gelesen.	☐	☒
CD 1|4	j	Heute hat er nur noch wenig Zeit zum Lesen.	☒	☐
	k	Seine Frau und er haben früher nur wenig gemeinsam unternommen.	☐	☒
	l	Thomas lernt gern neue Menschen kennen.	☒	☐
Abschnitt 4	m	Thomas' Vater hat denselben Beruf wie er.	☒	☐
CD 1|5	n	Thomas hat seinen Vater zum Vorbild. *: Ideal*	☒	☐
	o	Thomas hat drei Geschwister.	☐	☒
	p	Thomas' Vater hatte nie genügend Zeit für die Familie.	☐	☒
	q	Thomas findet, dass sein Vater stolz auf sich sein kann.	☒	☐

<u>4</u> Fassen Sie in kurzen Sätzen die wichtigsten Informationen zusammen, die Sie über Thomas W. bekommen haben.

Beginnen Sie so: *Thomas W. ist ... Jahre alt. Er arbeitet ...*

<u>5</u> Finden Sie Thomas W. sympathisch?

Welche Einstellung hat er zu seiner Arbeit? Was halten Sie davon?

1

1   Arbeitszeit – Freizeit

Berichten Sie kurz:

a Wie viele Stunden in der Woche arbeiten die Menschen in Ihrem Heimatland durchschnittlich?

b Wie viele Tage Urlaub haben sie im Jahr?

c Wie sind die normalen Arbeitszeiten am Tag? *Von ... Uhr bis ...*

2   Lesen Sie die folgenden Texte.

Ordnen Sie die Überschriften den drei Texten zu.

³☐ Mehr Freizeit für alle!   ¹☐ Arbeit: Lust statt Frust!
2 ☐ *Freizeit: Frust statt Lust!*

1   Charlotte S., 31

In Deutschland gibt es einen Spruch: „Selbstständig arbeiten bedeutet: selbst arbeiten und ständig arbeiten." Das ist negativ gemeint, und ich finde, das sagt eine Menge über die ach so fleißigen Deutschen aus.
5 Was Eigeninitiative betrifft, gehören wir nämlich zu den Schlusslichtern in Europa. Bei uns arbeitet nicht mal jeder Zehnte auf eigene Rechnung, in Italien ist es zum Beispiel schon jeder Vierte. Als ich vor acht Jahren meine Partneragentur gegründet habe, warnten meine
10 Freunde: „Du wirst rund um die Uhr arbeiten und keine Freizeit mehr haben!" Ich habe den Sprung ins kalte Wasser trotzdem gewagt. Heute habe ich fünf Ange-
stellte, und meine Firma läuft super. Was wäre, wenn ich auf meine Freunde gehört hätte? Dann wäre ich Chef- 15 sekretärin geblieben und hätte die Fünf-tagewoche und 30 Tage Urlaub im Jahr. Okay, nun arbeite ich mehr und habe weniger Urlaub. Aber dafür habe ich Spaß an der Arbeit und bin meine eigene Chefin. Ach, würden die 20 Leute doch endlich aufhören, ständig nur herumzumaulen und Forderungen zu stellen! Für Selbstständige gibt es so viel zu tun – man muss sich nur trauen, damit anzu-fangen.

2   Wilhelm W., 67

45 Jahre lang habe ich als Mechaniker gearbeitet. Eigentlich habe ich ja Uhrmacher gelernt, aber dann bin ich zu einer großen Autofirma gegangen. Ich habe mir immer gewünscht, früher in Rente zu gehen, nicht erst
5 mit 65. Aber ich wollte nicht auf einen Teil meiner Ren-te verzichten. Da wäre ich in finanzielle Schwierigkeiten gekommen. Ich habe mir immer ausgemalt, was ich alles tun würde, wenn ich mal den ganzen Tag nur Freizeit hätte. Jetzt bin ich seit zwei Jahren im Ruhestand und
10 muss ehrlich sagen, dass mir die Arbeit irgendwie fehlt.
Natürlich habe ich Hobbys: Spazieren-gehen und meine Uhrensammlung. Aber das füllt mich nicht so richtig aus. Und dauernd Fernsehen gucken ist doch auch nichts. Meine Frau kann 15 erst in zwei Jahren in Rente gehen, wenn sie 60 ist. Dann wollen wir uns ein Wohn-mobil kaufen und richtig auf Reisen gehen. Darauf freue ich mich schon sehr.

3   Peter R., 27

Wir leben in einem der reichsten Länder der Erde, trotz-dem gibt es bei uns so viele Arbeitslose. Und von den anderen, die Arbeit haben, wird verlangt, dass sie Überstunden machen. Das ist doch unlogisch! Es
5 gibt immer weniger Arbeit für die große Mehrheit und gleichzeitig immer mehr Reichtum für eine klei-ne Minderheit. Wer soll in Zukunft all die Dinge kaufen, die produziert werden? Ich würde mir wünschen, dass alles besser verteilt wäre. Dann hätten alle weniger
10 Arbeit und mehr Freizeit. Vor hundert Jahren haben die
Leute noch vierzehn Stunden am Tag gearbeitet, und das sechs Tage die Woche, 52 Wochen im Jahr. Wenn das heute noch so wäre, dann hätten wir drei-mal so viele Arbeitslose. Wir haben unser 15 jetziges soziales Netz lange und hart genug erkämpft, zum Beispiel die 38-Stunden-Woche. Wenn wir sie uns jetzt entreißen ließen, würden wir uns vielleicht bald alle auf der Agentur für Arbeit wiedersehen. 20

3 Lesen Sie die Texte noch einmal.

a In welchen Texten erhalten Sie welche Informationen über Arbeitszeit und Freizeit in Deutschland? Notieren Sie diese Informationen im Kasten unten.

	Charlotte S.	Wilhelm W.	Peter R.
Rentenalter: Männer/Frauen		65/60	
durchschnittliche wöchentliche Arbeitszeit heute			38 St/w
durchschnittliche wöchentliche Arbeitszeit früher	5 tagen/w.		14 St/T 6 T/w 52 w/5
Urlaub			

b Vergleichen Sie diese Informationen mit den Informationen, die Sie in Aufgabe 1 gesammelt haben. Welche Unterschiede gibt es zu Ihrem Heimatland? `AB 9` 5–6

4 Wessen Ansichten finden Sie richtig / nicht richtig? Warum?

> *Meiner Meinung nach hat Charlotte recht, weil ...*
> *Ich finde, dass Peter nicht recht hat, denn ...*
> *Ich kann Wilhelm nur zustimmen. ...*

GR **5** Konjunktiv II   GR S. 20/1

a Was wird mit dem folgenden Satz ausgedrückt?
„Dann wäre ich Chefsekretärin geblieben ...“ (Text 1, Zeile 15/16)

☒ eine irreale Möglichkeit   ☐ eine Meinung   ☐ ein Argument

b Unterstreichen Sie in den Texten alle Sätze mit Verben im Konjunktiv II und machen Sie eine Liste.

Text 1	Was wäre, wenn ich auf meine Freunde gehört hätte? ...
Text 2	Da wäre ich in ... ...

c Markieren Sie in der Liste die Verben im Konjunktiv II. *sein haben*

- Von welchen Verben sind die Formen *wäre* und *hätte* abgeleitet?
- Ergänzen Sie: Man bildet den Konjunktiv II der Gegenwart normalerweise mit der Umschreibung ___würde___ + Infinitiv.

d Welche Verben in Ihrer Liste sind in der Vergangenheitsform? Notieren Sie.

gehört hätte

e Ergänzen Sie: Den Konjunktiv II der Vergangenheit bildet man aus der ___Konjunktiv___-Form der Verben *haben* und ___sein___ + Partizip II. `AB 11` 7–11
hätte   wäre   P. passé

GR **6** Irreale Wünsche

a Welcher Satz aus Ihrer Liste (Aufgabe 5**b**) drückt einen Wunsch aus?

b Formulieren Sie weitere Wünsche im Konjunktiv II für die drei Personen.
Beispiel: *Wilhelm W.: Ach, wäre meine Frau doch auch schon in Rente!*

c Nennen Sie nun drei eigene Wünsche.
Beispiel: *Ach, hätte ich doch ein größeres Auto!* `AB 13` 12–13

GR **7** Was würden Sie Wilhelm W. raten?

Formulieren Sie Ratschläge. Gebrauchen Sie dabei den Konjunktiv II.

> *An seiner Stelle würde ich ...*
> *Wenn ich Wilhelm wäre, ...*
> *Er sollte vielleicht ...*   `AB 14` 14

_1_
CD 1|6

Hören Sie die ersten Takte eines Liedes.

a Was assoziieren Sie mit dieser Musik?

b Wie alt ist wohl das Lied, das Sie nun hören werden?

c Was sagt Ihnen das Foto über den Sänger und Komponisten Georg Kreisler?

_2_ Das Lied heißt „Wenn alle das täten ...".

Worum könnte es hier gehen?

_3_
CD 1|7

Schließen Sie das Buch und hören Sie drei Strophen des Liedes.

Beantworten Sie anschließend die folgenden Fragen.

a Was rät Georg Kreisler? Notieren Sie seine Empfehlungen.

nicht so viel arbeiten

b Wie würde die Welt aussehen, „wenn alle das täten ..."?

c Aus welcher Region stammt Georg Kreisler wohl?

☐ aus Norddeutschland   ☐ aus der Schweiz

☐ aus Österreich   ☐ aus Ostdeutschland

Wenn Sie mehr über Georg Kreisler wissen wollen, lesen Sie im Arbeitsbuch nach.   AB 14 | 15

_4_
CD 1|7

Hören Sie das Lied noch einmal in Strophen.

Lesen Sie den Text mit.

Strophe 1

*Bleiben Sie doch mal Ihrer Arbeit fern,
gehen Sie stattdessen spazieren,
wenigstens vormittags, das macht doch Spaß.
Schlafen Sie aus oder lesen Sie was,
alles wird weitergehen ohne Sie,
Sie würden gar nichts riskieren.*

*Sie werden sagen, wenn alle das täten,
dann wär das ein schrecklicher Schlag.
Ja, wenn alle das täten, dann hätten
halt alle einen herrlichen Vormittag.*

Strophe 2

*Oder machen Sie gerade Ihr Studium?
Und macht das Studium Sorgen?
Na, jung und gesund sind Sie, das ist doch
fein, lassen Sie einfach das Studium sein.
Werden Sie verhungern? Bestimmt nicht
gleich, heute verhungert man morgen.*

*Sie werden sagen, wenn alle das täten,
wie soll unsere Welt dann florieren?
Ja, wenn alle das täten, dann würde halt
niemand studieren, aber sonst würde gar
nichts, rein gar nichts den Leuten passieren.*

*Deswegen geht die Welt doch nicht
unter, sie geht eher unter, wenn's so
bleibt wie jetzt.
Mut macht erfinderisch, glücklich
und munter, nur Angst macht uns
hungrig, verwirrt und verhetzt.*

Strophe 3

*Seien Sie doch nicht immer so
angepasst, tun Sie, was andere ärgert,
andere rechnen, dass Sie sich bemühen,
ihnen die Kohlen aus dem Feuer zu ziehen[1].
Finden Sie Kohlen denn
wichtiger als Ihr eigenes Leben?*

*Sie werden sagen, wenn alle das täten,
dann würden sich viele doch grämen[2].
Ja, wenn alle das täten, dann müssten
halt alle mehr Rücksicht auf andere nehmen.*

[1] für jmdn. die Kohlen aus dem Feuer ziehen:
für jmdn. eine unangenehme Arbeit machen
[2] sich ärgern

_5_ Empfehlungen

a Unterstreichen Sie im Text alle Empfehlungen, die Georg Kreisler gibt. Vergleichen Sie mit Ihrer Liste (Aufgabe 3**a**).

b Welche Empfehlungen finden Sie richtig, welche nicht? Warum (nicht)?

c Geben Sie den anderen Kursteilnehmern Empfehlungen, die ihre Arbeit, ihre Ausbildung oder das Leben allgemein betreffen.
Beispiele: *Sie sollten nicht jedes Wochenende arbeiten!*
       Sie könnten doch einmal pro Woche Sport machen!

SPRECHEN 2

___1___   **Gespräche am Arbeitsplatz**

Lesen Sie den Dialog und spielen Sie ihn nach.

Situation 1:

Sie wollen Ihren Urlaub für dieses Jahr beantragen
und sprechen mit Ihrer Chefin / Ihrem Chef darüber.

Bitten Sie Ihre Chefin / Ihren Chef um ein Gespräch.
*Frau/Herr Denkart, ich würde gern mal
mit Ihnen sprechen.*

Antworten Sie höflich.
Ja, natürlich. Worum geht es denn?

Sagen Sie, worüber Sie sprechen möchten.
Es geht um meinen Urlaub.

Fragen Sie nach der gewünschten Zeit.
Wann möchten Sie denn Urlaub machen?
Was hätten Sie sich denn vorgestellt?

Nennen Sie Ihren Wunschzeitpunkt.
Ich würde gern von ... bis ... in Urlaub gehen.
Ginge das?
Könnte ich im ... Urlaub nehmen?

Erklären Sie, ob dieser Zeitpunkt passt.
(Urlaub anderer Kollegen usw.)
Also, im ... passt es weniger gut.
Da ist auch Herr X weg.

Begründen Sie die gewünschte Zeit.
Ich muss unbedingt in dieser Zeit gehen,
weil meine Kinder da Schulferien haben.

Reagieren Sie auf die Begründung.
*Das verstehe ich. Aber Herr X hat auch Kinder
in der Schule.*

Bieten Sie eine kleine Verschiebung der Zeit an.
*Stimmt. Ich könnte vielleicht ein paar
Tage ... gehen. Zum Beispiel von ... bis ...*

Entscheiden Sie.
Das ist ein guter Vorschlag.
Könnten Sie das bitte mit Herrn X klären?
Wären Sie so nett, das mit Herrn X zu besprechen?

GR ___2___   **Höfliche Bitte**

Sehen Sie sich noch einmal den Dialog an.

a Suchen Sie die Formulierungen, in denen eine Sprecherin / ein Sprecher
um etwas bittet.

> *Frau/Herr ... ich würde gern mal mit Ihnen sprechen.*

b Wie wird eine höfliche Bitte meistens ausgedrückt?

c Bitten Sie Ihre Lernpartnerin / Ihren Lernpartner höflich um etwas.
Diese/r willigt ein oder weist die Bitte höflich zurück.
Beispiel: ● *Würdest du mich heute Abend bitte vom Büro abholen?*
         ■ *Ich würde dich ja sehr gern abholen, aber leider ...*
         AB 14   16–17

___3___   **Schreiben Sie nun einen Dialog zu Situation 2 und sprechen Sie ihn.**   GR S. 20/1

Situation 2:

Sie sind neu in einem Büro und arbeiten täglich fünf Stunden. Sie teilen
sich mit einer Kollegin einen Arbeitsplatz. Besprechen Sie mit ihr,
wer wann an dem Platz arbeiten wird. Ihre Kollegin arbeitet auch Teilzeit.

<u>1</u>　Wie verbringen Sie gewöhnlich Ihren Sonntag?

Unterhalten Sie sich mit Ihrer Lernpartnerin / Ihrem Lernpartner darüber.
Berichten Sie dann in der Klasse.

<u>2</u>　Sehen Sie sich die Überschrift und die Bilder an.

Um was für eine Art von Text handelt es sich wohl?

❑ um einen Sachtext　　❑ um einen Bericht　　❑ um einen ironischen Text

IMMER WIEDER SONNTAGS

1

Es ist Sonntagmorgen, und ich liege im Bett. Alle Geschäfte sind geschlossen. 18 Stunden Freizeit am Stück! Was soll ich bloß tun? Jemanden anrufen? Aber wen? Vor meinem inneren Auge taucht ein muskulöser Körper mit einem grinsenden
5　Gesicht auf. Kurt! Nein! Bloß nicht Kurt! Ein Sonntag mit Kurt, das hieße: rauf aufs Mountainbike, 80 Kilometer strampeln bis an einen Bergsee, die Räder abstellen, 800 Höhenmeter den Berg hochrennen, die letzten 200 Meter freeclimben, am Gipfel den Paragliding-Schirm auspacken und runtersegeln, zur Erfrischung
10　in den See springen, einmal ans andere Ufer kraulen und zurück – sind ja nur schlappe vier Kilometer –, dann wieder rauf auf die Bikes und zurück nach Hause. Jetzt ist Kurt so richtig warm, und der Sportsonntag kann in die nächste Phase gehen. Also runter in Kurts Fitness-Folterkeller und Muskeltraining bis <u>um sieben</u>. In
15　der Sauna hat Kurt dann eine tolle Idee: Wir lassen das Abendessen ausfallen, <u>um noch</u> schnell zwei Stunden Squash im neuen Sport-Erlebnis-Center dranzuhängen. Ist doch super, oder? fragt er. Ja, super, Kurt. Super, dass ich nicht dich angerufen habe, sondern Anita.

20　Ja, Anita! Nein, Anita nicht! Es sei denn, ich hätte Lust darauf, sofort aus dem Bett zu springen, damit uns die Sonntagsmatinee des VZK (Verein für zeitgenössische Kammermusik e. V.) nicht entgeht. Am späten Vormittag geht's mit dem Taxi zur Ausstellungs-
25　eröffnung in der Staatsgalerie, und <u>um zwei Uhr</u> hält Professor Ruckschlager einen Vortrag über subjektivistischen Objektivismus, wahnsinnig interessant, da muss man einfach hin. Das geht bis
30　halb fünf, was sehr gut passt, denn Anitas Single-Selbsterfahrungsgruppe trifft

sich heute ausnahmsweise erst <u>um fünf Uhr</u>. Dort gibt es Tee und Vollwert-Kekse, also sparen wir uns das Abendessen. Prima, meint Anita, da ist genug Zeit, noch in diese tolle Dokumentarfilm-Retrospektive zu gehen, im Maxi-Kino. Jaja, prima, Anita!, 35 kichere ich hysterisch in mein Kopfkissen. Find ich alles supertoll. Nur schade, dass ich nicht dabei sein werde. Denn ich rufe jetzt Eberhard an.

Eberhard hasst Sport. Und Kultur ist für ihn ein Fremdwort – außer es handelt sich <u>um Essen</u> und Trinken. Auf diesem Gebiet ist er allerdings unschlagbar. Sonntags bruncht er ab zehn Uhr gern im Eden-Hotel, dort gibt's alles vom Roastbeef bis
40

45
zu den Scampi, 25 verschiedene Käsesorten aus zwölf Ländern, Champagner vom Feinsten. Nicht ganz billig allerdings, da muss man schon was hinlegen. Hinterher ist man reif für eine Woche 50 Nulldiät – es sei denn, man heißt Eberhard. Der schleppt mich ins Café Schulz – das mit den berühmten Cremetorten. Schon eine davon würde genügen, <u>um ein Hängebauchschwein</u> langfristig aus dem Gleichgewicht zu bringen, aber zum Glück gibt's ja diesen wunderbaren 30 Jahre alten Cognac – der löst das Fett. Bei 55 einer Original-Havanna kommt es nun zur Frage des Tages: Wohin zum Abendessen? In den „Waldhof" oder in die „Forelle"? Eberhard ist für die „Forelle", weil es dort diese leckeren Flusskrebse gibt. Die Café-Rechnung teilen wir uns brüderlich, und ich mache einen Vorschlag. Wir könnten doch zu Fuß zum Restau- 60 rant … <u>um einen Verdauungsspaziergang</u> zu machen … Nein? Eberhard sieht mich verständnislos an und schüttelt besorgt den Kopf. Dann winkt er ein Taxi heran und fährt seinen Flusskrebsen entgegen.

Ich aber liege noch immer im Bett und habe keine Ahnung, wie 65 ich diesen Sonntag überstehen soll. Mit Kirsten alle Flohmärkte in fünfzig Kilometer Umkreis abklappern? Mit Annette zum Bungee-Springen? Na ja, jetzt reicht's aber. Man muss ja nicht jeden Schwachsinn mitmachen, oder? Wie gut, dass ich für den Notfall Arbeit mit nach Hause genommen habe! 70

LESEN 2

__3__ **Wie verläuft der Sonntag von Kurt, Anita und Eberhard?**

Notieren Sie Stichpunkte.

	Kurt	Anita	Eberhard
Vormittag	Mountainbike fahren ...		
Nachmittag			
Abend			

`AB 15` 18

__4__ **Charakterisieren Sie den Erzähler in wenigen Sätzen.**

langweilig – aktiv – intellektuell – ironisch – fröhlich – schlecht gelaunt – spöttisch

__5__ **Telefongespräche**

Simulieren Sie die Telefongespräche, die der Erzähler in Gedanken durchspielt. Bilden Sie Vierergruppen. Einer übernimmt die Rolle des Erzählers, die anderen spielen die drei beschriebenen Personen.

Beginnen Sie so:
- *Hallo, hier ist ...*
  Hast du heute schon was vor?
- *Ja, also, ich stelle mir den Tag so vor: ...*

Gleich um ... Uhr gehen/fahren/... wir ...
Und dann könnten wir ...
Später dann ...
Gegen ... Uhr beginnt ...

__6__ **Mit welcher der drei Personen würden Sie am liebsten einen Sonntag verbringen? Warum?**

GR __7__ **Finalsätze** GR S.20/2

a Was wird mit dem folgenden Satz ausgedrückt?
„Wir lassen das Abendessen ausfallen, *um* noch schnell zwei Stunden Squash ... dranzuhängen." (Zeilen 15-17)

☐ eine Absicht ☐ eine Bedingung ☐ ein Gegensatz

b Suchen Sie weitere Sätze mit *um ... zu* aus dem Text und tragen Sie sie in den Kasten ein.

Finalsätze	
um ... zu	damit
Wir lassen das Abendessen ausfallen, um noch schnell zwei Stunden squash dranzuhängen.	Wir lassen das Abendessen ausfallen, damit wir noch schnell zwei stunden squash dranhängen können.

`AB 16` 19–21

c Wie könnte man die Sätze anders ausdrücken? Formulieren Sie um.

d Suchen Sie im zweiten Absatz einen Satz mit *damit*. Warum kann man diesen Nebensatz nicht auch mit *um ... zu* ausdrücken?

GR __8__ **Spiel: Frage-Antwort-Kette**

Spieler/in 1 stellt Spieler/in 2 eine Frage mit *warum* oder *wozu*. Spieler/in 2 antwortet mit einem Finalsatz. Dann richtet Spieler/in 2 eine Frage an Spieler/in 3 usw. Wem keine passende Antwort einfällt, der scheidet aus. Beispiel: Spieler/in 1: *Wozu brauchst du deinen Computer?* – Spieler/in 2: *Um Briefe zu schreiben. Warum stellt Spieler/in 1 so dumme Fragen?* – Spieler/in 3: *Damit unsere Lehrerin sich freut.*

WORTSCHATZ – *Freizeit und Vergnügen*

1 Pantomime

Jede/r Kursteilnehmer/in schreibt eine Freizeitaktivität auf einen Zettel. Die werden in der Klasse verteilt. Jede/r spielt die Aktivität auf ihrem/ seinem Zettel pantomimisch vor. Die anderen raten, was gespielt wurde.

2 Was machen Sie in der Freizeit?

a Wählen Sie unter folgenden Aktivitäten aus und ergänzen Sie die Tabelle. Notieren Sie Freizeitaktivitäten, die Sie häufig machen, solche, die Sie selten machen, und solche, die Sie noch nie gemacht haben. Welche davon würden Sie gern ausprobieren?

> lesen – ins Museum gehen – Karten spielen – joggen – ins Restaurant gehen – Federball spielen – im Internet surfen – fotografieren – ein Instrument spielen – eine Radtour machen – fernsehen – im Garten arbeiten – ein Konzert besuchen – Ski fahren – stricken – tanzen – ein Regal bauen – windsurfen – in ein Spielcasino gehen – wandern – zeichnen/malen – Computerspiele machen – eine Fremdsprache lernen – spazieren gehen – Bungeespringen – in die Oper gehen – Ruderboot fahren – einen Computerkurs machen – ...

oft	selten	noch nie	
		... möchte ich nicht ausprobieren, weil ...	... möchte ich ausprobieren, weil ...

b Gehen Sie in der Klasse herum und suchen Sie jemanden, der möglichst ähnlich geantwortet hat wie Sie. Tauschen Sie sich darüber aus, warum Sie bestimmte Dinge gern, andere weniger gern tun und was Sie unbedingt einmal ausprobieren wollen.

AB 16 22

3 Welche Wörter/Ausdrücke passen zu welcher Person?

Ordnen Sie zu. Versuchen Sie anschließend, die Wörter/Ausdrücke in Ihre Muttersprache zu übersetzen.

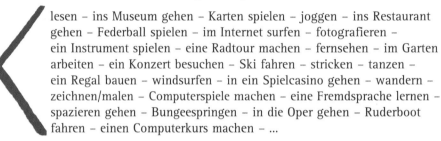
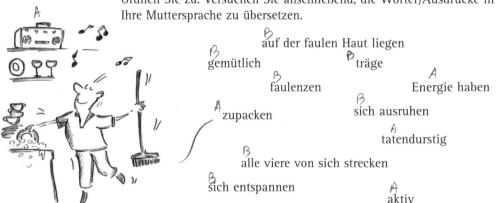

A

B
auf der faulen Haut liegen

B gemütlich   B träge

B faulenzen   A Energie haben

A zupacken   B sich ausruhen

A tatendurstig

B alle viere von sich strecken

B sich entspannen   A aktiv

4 Buchstabenspiele

a Was kann man alles sammeln? Ordnen Sie die Buchstaben und notieren Sie das richtige Wort.

Briemafkern   Bierdckele   Ztüsuckckere   Augratomme   Müznen   Biderl

Briefm_____ _____ _____

b Und was sammeln Sie? Machen Sie ein ähnliches Buchstabenrätsel.

SCHREIBEN

<u>1</u> Lesen Sie die folgenden Nachrichten.

Wo oder wie könnte man solche Nachrichten wohl empfangen?

Hallo!
Ich bin 20 Jahre, Studentin, wohne in Zürich und suche Freunde auf der ganzen Welt.
Bitte schreibt mir!
Monika

Hallo!
Ich suche Spacemailfreunde auf der Erde! Wer schreibt mir etwas über sich und sein Leben?
Flux vom Mars

<u>2</u> Schreiben Sie eine E-Mail an den Außerirdischen Flux oder an Monika aus Zürich.

a Sammeln Sie Stichworte zu den folgenden Aspekten.

- Was könnte Flux/Monika an meiner Person und meinem Leben interessieren?
- Was möchte ich über Flux/Monika, den Mars / die Schweiz und das Leben dort erfahren?

b Ordnen Sie die Stichworte und verfassen Sie einen Brief nach der folgenden Gliederung.

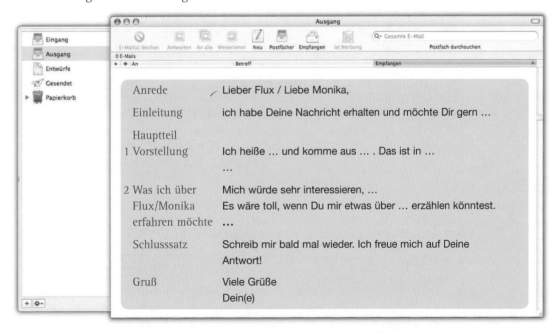

<u>3</u> Lesen Sie Ihren Text nach dem Schreiben noch einmal durch.

Kontrollieren Sie, ob Sie alle relevanten Punkte berücksichtigt und die Redemittel oben verwendet haben.

AB 17 23

1 Konjunktiv II   ÜG S. 118

a Formen der Gegenwart

Der Konjunktiv II der Gegenwart wird meistens mit *würde* + Infinitiv gebildet.

ich	würde	fahren
du	würdest	fahren
er/sie/es	würde	fahren
wir	würden	fahren
ihr	würdet	fahren
sie/Sie	würden	fahren

Die Hilfsverben *haben* und *sein*, die Modalverben sowie einige starke Verben werden auch häufig in der Originalform benutzt. Die Originalform wird aus dem Präteritum abgeleitet.

Infinitiv	Konjunktiv II		Infinitiv	Konjunktiv II	
haben	ich	hätte	werden	ich	würde
sein	ich	wäre	kommen	ich	käme
dürfen	du	dürftest	lassen	du	ließest
müssen	er/sie/es	müsste	wissen	er/sie/es	wüsste
wollen	wir	wollten	schlafen	wir	schliefen
sollen	ihr	solltet	nehmen	ihr	nähm(e)t
können	sie/Sie	könnten	brauchen	sie/Sie	brauchten

b Formen der Vergangenheit   ÜG S. 120

Der Konjunktiv II hat nur eine Vergangenheitsform.

Indikativ	Konjunktiv II	Indikativ	Konjunktiv II
er spielte		wir gingen	
er hat gespielt	er hätte gespielt	wir sind gegangen	wir wären gegangen
er hatte gespielt		wir waren gegangen	

c Funktion des Konjunktivs II   ÜG S. 122 ff.

Irreale Möglichkeit:	*Wenn ich mehr Freizeit hätte, würde ich viel mehr Bücher lesen.*
Irrealer Wunsch:	*Ach, hätte ich doch/nur nicht so viel Arbeit!*
Ratschlag:	*An deiner Stelle würde ich nicht so viel verreisen.*
Vorsichtige, höfliche Bitte:	*Würdest du mir mal den Stift geben?*
Irrealer Vergleich:	*Er tut so, als ob er den ganzen Tag arbeiten würde.*
	Er tut so, als wenn er überhaupt keine Zeit hätte.

2 Finalsätze   ÜG S. 172

Mit den Konjunktionen *um ... zu* und *damit* wird ein Ziel bzw. eine Absicht ausgedrückt.

Ich lerne Deutsch, um mehr Chancen im Beruf zu haben.	*Ich lerne Deutsch, damit ich mehr Chancen im Beruf habe.*

Ist das Subjekt in Haupt- und Nebensatz identisch, kann man *um ... zu* oder *damit* verwenden. Gibt es zwei Subjekte, muss *damit* verwendet werden.

Ich lerne Deutsch, damit *meine Eltern* sich freuen.
Ich schenke dir ein Buch für den Urlaub, damit *du* dich am Strand nicht langweilst.

FAMILIE

Alter:	9
zurzeit:	Besuch der 4. Klasse
Lieblingsbe-schäftigungen:	_____
Sternzeichen:	Jungfrau

Alter:	38
Beruf:	_____
Studium:	Biologie
Hobbys:	Lesen, Computer und Fahrradfahren
Lieblings-schriftsteller:	Thomas Mann

Alter:	40
Beruf:	Krankenpfleger(in)
Hobbys:	_____
Lieblingsfilm:	Gandhi
Sternzeichen:	Wassermann

Alter:	_____
zurzeit Klasse:	_____
Lieblingsessen:	Pizza
Sternzeichen:	Steinbock

1 **Wer ist wer?**

Ordnen Sie die Angaben den einzelnen Personen zu.

2 **Wer macht was?**

Ergänzen Sie nach eigenen Ideen die fehlenden Informationen.

ⓐ Wer hat wohl das Hobby Fußballspielen?

ⓑ Wer verbringt wahrscheinlich viel Zeit zu Hause?

ⓒ Wer ist vermutlich für Kochen und Einkaufen zuständig?

HÖREN

__1__ **Auf dem Foto auf Seite 21 sehen Sie Familie Braun-Weininger.**

Was würden Sie die Familienmitglieder alles fragen?

__2__ **Sie hören nun ein Interview mit dieser Familie.**

CD 1 | 8–11

Hören Sie das Gespräch einmal ganz. Über welche der folgenden
Themen wird gesprochen?

Thema	ja	nein
die Aufgabenverteilung in der Familie		
Tagesablauf bei Familie Braun-Weininger		
Probleme der Eltern am Arbeitsplatz		
Schulweg der Kinder		
die Beziehung zu den Großeltern		
das Mittagessen		
Freizeitaktivitäten der Familie		
Zukunftspläne der Familie		
das Zimmer der Kinder		
das Taschengeld der Kinder		
Schulsorgen der Kinder		

`AB 22` 2

__3__ **Hören Sie das Interview noch einmal in Abschnitten.**

Abschnitt 1
CD 1 | 8
ⓐ Was macht die Familie gerade?
ⓑ Wer kümmert sich um das Essen?
ⓒ Welche Aufgaben im Haushalt übernehmen auch die Kinder?

Abschnitt 2
CD 1 | 9
Ergänzen Sie, was die Familienmitglieder wann machen.
ⓓ 5.30 *die Mutter steht auf*
ⓔ 7.00
ⓕ 7.50
ⓖ 8.00
ⓗ ca. 13.00

Abschnitt 3
CD 1 | 10
Ergänzen Sie die Sätze.
ⓘ *Clemens und sein Vater* machen gern Fahrradtouren.
ⓙ _____ bleibt am Wochenende oft zu Hause oder geht zu Freunden.
ⓚ _____ gehen manchmal ins Kino.
ⓛ _____ interessieren sich dafür, was ein Urlaub oder Geschenke kosten.

Abschnitt 4
CD 1 | 11
Beantworten Sie die Fragen in Stichworten.
ⓜ Was ist das Besondere an Paulas und Clemens' Bett? _____
ⓝ Wo schläft Paula? _____
ⓞ Wie lange machen die beiden Schulaufgaben?
Clemens: maximal _____ Paula: maximal _____
ⓟ Was machen die beiden am Nachmittag? Nennen Sie mindestens vier Aktivitäten.
1 _____ 2 _____ 3 _____ 4 _____
ⓠ Wann gehen die Kinder normalerweise ins Bett? _____

__4__ **Was hat Sie bei diesem Interview überrascht?**

`AB 22` 3–5

22

WORTSCHATZ – *Menschliche Beziehungen*

1 **Zu wem hat ein Mensch Beziehungen?**
Ergänzen Sie.

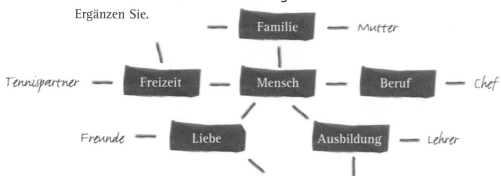

2 **Verben, die Gefühle ausdrücken**
Ordnen Sie diese Verben in drei Gruppen.

warm
jemanden lieben

egal
jemand ist einem gleichgültig

kalt
jemanden hassen

jemanden lieben – jemanden hassen – jemanden gern haben – jemand ist einem gleichgültig – jemand geht einem auf die Nerven – sich zu jemandem hingezogen fühlen – für jemanden viel empfinden – jemanden sympathisch finden – für jemanden durchs Feuer gehen – sich nichts aus jemandem machen – jemanden nicht ausstehen können – jemanden gut leiden können – sich für jemanden nicht interessieren – jemanden nicht leiden können – jemandem die kalte Schulter zeigen

3 **Adjektive, die Gefühle ausdrücken**
Ordnen Sie auch die Adjektive den drei Gesichtern zu.

abgekühlt – warm – herzlich – freundlich – gleichgültig – innig – unangenehm – leidenschaftlich – eisig – frostig – nett – sympathisch – distanziert – indifferent – kalt – leidenschaftslos – egal

AB 24 6

4 **Emotionale Beziehungen**
a Ordnen Sie den Personen unten jeweils mindestens drei der Begriffe zu.

die Liebe – die Muttergefühle – die Eifersucht – die Abhängigkeit – das Vertrauen – die Konkurrenz – die Bewunderung – der Neid – die Solidarität – die Autorität – die Wärme – der Respekt – die Sorge – das Misstrauen – der Spaß – die Rücksicht ...

zwischen Mutter und Kind: *Muttergefühle, Sorge, ...*	zwischen Lehrer und Schüler:
zwischen Vater und Kind:	zwischen Ehepartnern:
zwischen Geschwistern:	zwischen Kollegen:
zwischen Freunden:	

b Welche Gefühle sind eher positiv, welche eher negativ? Markieren Sie die Wörter mit + oder –.

AB 24 7–8

1 Wie leben junge Erwachsene in Deutschland?

a Sehen Sie sich die Grafik an. Worüber informiert sie?

b Was erfahren Sie über die Wohnsituation junger Leute, was erfahren Sie über das Zusammenleben mit anderen?

c Welche Informationen finden Sie erstaunlich?

So leben die jungen Erwachsenen

Von je 1000 Bundesbürgern im Alter zwischen 18 und 25 Jahren leben

636 bei den Eltern oder einem Elternteil
128 mit Ehepartner(in)
121 allein
84 in nichtehelicher Lebensgemeinschaft
18 in Wohngemeinschaft
13 als Alleinerziehende

Quelle: Stat. Bundesamt

2 Mengenangaben

a Unterstreichen Sie im folgenden Text alle Ausdrücke, in denen Zahlen in Worte gefasst sind.

Die meisten der 18- bis 25-Jährigen strecken ihre Beine noch unter dem elterlichen Tisch aus. Fast zwei Drittel der jungen Erwachsenen wohnen mit ihren Erzeugern unter einem Dach. Nur ein gutes Drittel hat das Elternhaus verlassen. Die meisten davon sind verheiratet oder wohnen mit einem Partner oder einer Partnerin zusammen. Circa 12 % der jungen Leute leben als Single, knapp 2 % in einer Wohngemeinschaft und eine Minderheit von 1,3 % allein mit Kind/Kindern.

b Ergänzen Sie die unterstrichenen Ausdrücke in der Spalte links und ordnen Sie rechts einen passenden synonymen Ausdruck zu.

Mengenangaben aus dem Text	Synonyme: ungefähr ... % – die wenigsten – die Mehrheit – etwas weniger als ... % – mehr als die Hälfte – 35–40 %
die meisten	die Mehrheit
fast zwei Drittel	
...	

AB 24 | 9

3 Lebensformen junger Leute in Ihrer Heimat

Unterhalten Sie sich in Kleingruppen. Berichten Sie dann in der Klasse.

a Wo leben die meisten jungen Erwachsenen in Ihrem Heimatland ...

- ... mit circa 18, d.h. direkt nach Abschluss der Schule?
- ... mit circa 21, d.h. während der Ausbildung / des Studiums?
- ... mit circa 26, d.h. während der ersten Berufsjahre?

Verwenden Sie in Ihrem Bericht die Mengenangaben aus Aufgabe 2. Wenn Sie keine genauen Informationen haben, schätzen Sie.

Ich glaube, die meisten ...
Vermutlich sieht es in meiner Heimat so aus: Die wenigsten ...
Ich schätze, dass gut die Hälfte ...

b Erzählen Sie einige Beispiele aus Ihrem Bekanntenkreis.

c Gibt es bei Ihnen auch Wohngemeinschaften oder nichteheliche Lebensgemeinschaften? Wenn nein, warum nicht?

d Welche Lebensform bevorzugen Sie persönlich? Welche würde Ihnen weniger gut gefallen? Begründen Sie Ihre Meinung.

Am liebsten würde ich ... leben.
... zu leben gefällt mir am besten.
Am allerwenigsten würde mir ein Leben ... gefallen.

AB 25 | 10

1 Familienporträt

a Sehen Sie sich die Fotos an und klären Sie Lisas Familienverhältnisse.

mein Papa

meine Mama und mein neuer Papa

die neue Freundin von meinem Papa

unser neues Baby   *mein Stiefbruder*   *Ich bin Lisa.*

b Ergänzen Sie die passenden Wörter.

Halbbruder – Halbschwester – leibliche Geschwister – leibliche Mutter
leiblicher Vater – Stiefbruder – Stiefschwester – Stiefmutter – Stiefvater

alte Familie	neue Familie
leibliche Mutter	

2 Hören Sie Lisas Familiengeschichte.

CD 1|12

Fassen Sie mündlich zusammen.

3 Hören Sie ein Gespräch.

CD 1|13

a Wer spricht hier?

c Wie reagiert der Angerufene?

b Was möchte die Anruferin?

d Was wird passieren?

4 Führen Sie ein Gespräch mit Ihrer Lernpartnerin / Ihrem Lernpartner.

Situation 1: Eine Bekannte hat Sie zu einer Party eingeladen, hat aber
nichts davon gesagt, dass Sie jemanden mitbringen können.

Situation 2: Ein Freund hatte versprochen, dass er Ihnen für eine Reise
sein Auto leiht; jetzt braucht er es plötzlich selbst.

das Gespräch eröffnen
Ich wollte mal mit dir über ... reden.

Unverständnis benennen
Ehrlich gesagt kann ich nicht verstehen, ...

Vorwissen aktivieren
Du weißt doch, dass ich ...!
Hast du vergessen, dass ich ...?
Aber ich weiß doch gar nicht, ob ...

um Verständnis werben
Denk doch bitte mal an ...

Lösungsvorschläge machen/annehmen
Es wäre doch schön, wenn ...
Du sagst doch selbst, dass ...
... wäre eine prima Gelegenheit ...
Also gut, ich werde es mir überlegen.

AB 26 11–12

2

__1__ **Auf welches Thema beziehen sich die folgenden Aussagen?**

Was ist Ihre Meinung zu dem Thema?

Beruf ohne Kinder, würde ich sagen. Wenn man wirklich Karriere machen will, lässt sich das mit Kindern nicht vereinbaren.

Beruf und Kinder, ich denke, man kann beides verwirklichen. Ich möchte eigentlich auf keins von beiden verzichten.

__2__ **Lesen Sie das Interview aus einer Frauenzeitschrift.**

Ordnen Sie die Abschnitte **1** bis **7** den Fragen **a** bis **g** zu.

Fragen der Zeitschrift BRIGITTE	Antworten
a Wann kann eine Frau absehen, ob sie ein Leben lang berufstätig sein möchte?	
b Und wenn Frauen beides möchten, berufstätig sein, aber auch Familie haben?	
c Welche Form der Lebensplanung ist also die beste?	
d Reicht das Geld denn bei den meisten Familien, wenn der Mann Alleinverdiener ist?	
e Wie kann eine Frau ihre Chance im Beruf genauso wahrnehmen wie die Männer?	
f Frauen haben alle Chancen, selbst über ihr Leben zu entscheiden. Warum sagen so viele: Ich weiß gar nicht, was ich will?	1
g Und was würden Sie einer jungen Frau raten?	

BRIGITTE
Berufsseminar

Lebensziele – Lebensstile
Erst Kinder, dann Beruf. Erst Beruf, dann Kinder.
Kinder und Beruf. Beruf ohne Kinder: Frauen haben die Wahl.
Wie sie am besten davon profitieren, fragten wir Doris Hartmann,
Leiterin des neuen BRIGITTE-Berufsseminars.

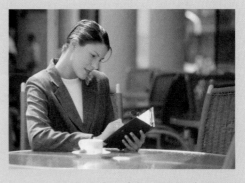

1 *BRIGITTE:* _____
DORIS HARTMANN: Ich bin groß geworden mit dem Gedanken: erst Beruf, dann Familie. Lebenslänglich. 5 Ein klares Konzept. Wenn ich heute in meinen Seminaren frage: „Haben Sie vor, bis 60 berufstätig zu sein?", antworten mir viele Frauen: „Oh, das habe ich mir noch gar nicht überlegt." 10 Bei den Männern dagegen kommt sofort: „Haben Sie vielleicht noch 'ne andere Idee?" Deshalb sind die Männer im Beruf auch oft so zielbewusst: Sie haben ja gar keine Alternative – zu- 15 mindest keine, die gesellschaftlich akzeptiert ist. Anders die Frauen. Falls im Job was schiefläuft, bleibt ihnen immer noch ein Türchen offen: Da mach ich jetzt eben auf Familie.

20 **2** *BRIGITTE:* _____
Dann könnte ihr Lebenskonzept heißen: Beruf und Kinder. Frauen mit dieser klaren Perspektive haben keine Probleme, für die Erziehung der Kinder 25 eine Tagesmutter zu engagieren. Kritisch wird's nur bei denen, die sagen: „Ich weiß noch nicht ... Ich schau mal ein bisschen. Mein Mann sagt, ich soll bei den Kindern bleiben, 30 aber ich würde gern auch arbeiten." Sie steigen um vom Beruf zur Familie und wieder zum Beruf und sind oft schlechte Berufsfrauen und schlechte Familienfrauen.

35 **3** *BRIGITTE:* _____
Ja, das ist bei den heutigen Lebenshaltungskosten gar nicht mehr so sicher. Außerdem die Frage: Kann ich mich heute noch auf den Mann als Versor- 40 ger fürs Leben verlassen? Und den klassischen Beruf „Familie" gibt es ja nicht mehr – bei ein bis zwei Kindern und einem vollautomatisierten Haushalt. Familie ist ein Job auf Zeit ge- 45 worden. Deshalb sollte jede Frau in der Lage sein, für sich selbst Verantwortung zu übernehmen. Das Wichtigste ist, dass sie eine vernünftige Ausbildung und eine möglichst gute berufli- 50 che Qualifikation hat. Dann kann sie sich immer noch überlegen: Will ich überhaupt Kinder?

4 *BRIGITTE:* _____
Das kann sie tatsächlich frühestens 55 nach fünf Jahren Berufspraxis sagen, also etwa mit Mitte 20. Viele Ausbildungswege dauern länger als früher,

die Frauen sind oft erst mit 30 im Job richtig etabliert. Jetzt hätten sie die Chance, sich voll auf die Karriere zu konzentrieren. Aber zugleich verschärft sich massiv die Frage: Kinder – ja oder nein?

5 *BRIGITTE:* _____

Meiner Meinung nach darf sie die Entscheidung, wann sie ein Kind haben will, nicht dauernd vor sich herschieben. Früher waren Kinder einfach Pflicht, heute gehören sie, salopp ge-

sagt, in eine Erlebniswelt. Man studiert, geht in den Beruf, findet den richtigen Mann, fliegt gemeinsam ein paar Reiseziele ab, kauft ein Haus, und nun wäre das Glück komplett, wenn jetzt auch noch ein Kind käme. Aber jetzt geht der Stress los, weil die Frau inzwischen 35 ist.

6 *BRIGITTE:* _____

Bezogen auf den Beruf hat jedes Modell seine Vor- und Nachteile. Wer in jungen Jahren Mutter wird, könnte

sich ab 30, 35 voll auf die Karriere konzentrieren. Und das tun auch viele. Aber andere meinen dann: Ich habe gar nicht genug von meiner Jugend gehabt.

7 *BRIGITTE:* _____

Wenn sie beruflich genauso erfolgreich sein will wie die männliche Konkurrenz, muss sie ebenso zielstrebig vorgehen. Sie darf also nicht alles auf sich zukommen lassen. Wer sich nicht selbst bewegt, wird bewegt.

---

3   Ratschläge

a Welche Satzteile passen zusammen? Die Sätze sollen inhaltlich dem Interview entsprechen.

1 Frauen sollten auf keinen Fall	sich nach einigen Jahren Berufspraxis überlegen, ob sie Kinder wollen.
2 Junge Frauen sollten	ihre Karriere zielstrebig planen.
3 Manchmal ist es möglich,	mit Kindern im Job weiterzuarbeiten.
4 Frauen könnten	auf eine berufliche Qualifikation verzichten.
5 Ehrgeizige Frauen müssen	sich auch für Beruf und Kinder entscheiden.

b Welchen Ratschlägen können Sie zustimmen, welchen nicht? Warum?

GR 4   Modalverben

a Unterstreichen Sie alle Sätze im Text, die ein Modalverb enthalten.   GR S.32/1

b Lesen Sie die Rubrik *Bedeutung* im Kasten unten. Setzen Sie das passende Modalverb in die rechte Spalte.

Bedeutung	Modalverb
1 Man hat die Möglichkeit (Chance, Gelegenheit), etwas zu tun.	*können*
2 Man hat den Wunsch (den Plan, die Absicht, vor), etwas zu tun.	
3 Man bekommt eine Empfehlung (einen Rat), etwas zu tun.	
4 Man hat keine andere Möglichkeit (die Pflicht), etwas zu tun.	
5 Es ist (nicht) ratsam oder man hat (k)eine Erlaubnis, etwas zu tun.	
6 Ein anderer möchte, dass man etwas tut.	

AB 26 | 13–17

GR 5   Variation

Drücken Sie die farbig gedruckten Teile in den Sätzen mithilfe folgender Modalverben anders aus.

wollen – können – könnte(n) – sollte(n) – müssen

Beispiel: Frauen haben alle Chancen, selbst über ihr Leben zu entscheiden.
Frauen können selbst über ihr Leben entscheiden.

a Haben Sie vor, bis 60 berufstätig zu sein?

b Das Wichtigste ist, dass sie eine vernünftige Ausbildung und eine möglichst gute Qualifikation hat.

c Es ist das Beste, im Beruf möglichst das zu machen, woran man Freude hat.

d Wer in jungen Jahren Mutter wird, hätte die Möglichkeit, sich ab 30, 35 voll auf die Karriere zu konzentrieren.

AB 28 | 18–19

Sabine Kornblume muss verreisen

(a) Familie Kornblume hat folgende Mitglieder: die Mutter Sabine K., den Vater Wolfgang K., die Kinder Anja (13), Lukas (9) und Martina (4) sowie Dackel Waldi. Sabine Kornblume bekam heute Morgen einen Anruf von ihrer Mutter, die 500 km entfernt lebt. Die hat sich das linke Bein so verstaucht, dass sie nicht mehr laufen kann. Der Arzt hat ihr Bettruhe verordnet. Nun soll Sabine für ein paar Tage zu ihrer Mutter fahren und sie pflegen. Sie fährt schon los, bevor ihre Kinder von der Schule zurückkommen, und kann viele Dinge nicht erledigen, die sie geplant hatte. Ihr Mann kommt erst um 17 Uhr nach Hause.

(b) Lesen Sie Sabines Terminkalender für Dienstag und Mittwoch.

DIENSTAG	12. 9.		MITTWOCH	13. 9.
☎	Reisebüro wegen Flugbestätigung leere Flaschen Container		10.00	Friseur zum Getränkemarkt: Mineralwasser, Saft Videokassetten besorgen
14.00	Wolfgangs Anzug in der Reinigung fertig			
15.30	Martina Kindergarten		14.00	Lukas zur Nachhilfestunde
17.30	Elektriker kommt: Steckdose kaputt		16.00–17.00	Martina Musikschule
19.30	Angelika zum Abendessen		18.00	Waldi zum Tierarzt
21.00	Gerd Geburtstag!		20.00	Elternabend – Schule
			22.00	Film „Columbus" aufnehmen/Video!!

(c) Bevor sich Sabine Kornblume auf den Weg macht, schreibt sie an ihre Familienangehörigen noch einige Anweisungen auf kleine Zettel. Sie bittet einzelne Familienmitglieder, die wichtigsten Dinge, die in ihrem Kalender stehen, zu erledigen. Lesen Sie Frau Kornblumes Zettel und verfassen Sie die restlichen Anweisungen. Schreiben Sie detailliert auf, was jedes Familienmitglied machen soll.

Liebe Anja,
könntest Du heute Nachmittag Papas Anzug aus der Reinigung holen? Und vergiss bitte nicht, Martina um halb vier vom Kindergarten abzuholen.
Danke, Mama

Lieber Lukas,
wenn Du zum Fußballplatz gehst, kannst Du gleich die leeren Flaschen zum Container bringen. Der liegt ja auf dem Weg.
Danke, Mama

SPRECHEN 3

1   Vornamen

a   Sehen Sie sich die beliebtesten Vornamen im deutschsprachigen Raum an. Was fällt Ihnen daran auf?

b   Welche Namen gefallen Ihnen, welche eher nicht? Warum?

c   Welche dieser Namen gibt es auch in Ihrem Heimatland?

Mädchen			Jungen		
1. Lina	9. Lisa		1. Tim	9. Julian	
2. Hanna/Hannah	10. Lara		2. Luca	10. Paul	
3. Anna	11. Julia		3. Tom	11. Jan	
4. Lea/Leah	12. Lilli/Lilly		4. Louis/Luis	12. Philip/Philipp	
5. Marie	13. Emma		5. Jonas	13. Eric/Erik	
6. Leonie	14. Amelie		6. Lucas/Lukas	14. Kevin	
7. Sara/Sarah	15. Charlotte		7. Ben	15. Jannick/Yannik	
8. Lena	16. Anika/Annika		8. Finn/Fynn	16. Malte	

d   Gibt es Ihren eigenen Vornamen häufig in Ihrer Heimat?

e   Kennen Sie Herkunft und Bedeutung Ihres Vornamens? Suchen Sie im Internet oder in einem Vornamenlexikon nach Bedeutung und Herkunft einiger Vornamen aus Ihrer Klasse.

Beispiel: LEONIE

Der Name Leonie tauchte in Deutschland Anfang der 1980er-Jahre in den Vornamen-Hitparaden auf. Inzwischen ist Leonie auf die ersten Plätze gestürmt.
Der Name ist eine weibliche Variante des männlichen Vornamens Leon.
Variante: Leoni. Bedeutung: Löwe. Herkunft: griechisch und lateinisch.

2   Wer trägt welchen Familiennamen?

a   Hat der Familienname in Ihrer Sprache eine Bedeutung? Wenn ja, welche?

b   Von wem bekommt man in Ihrer Heimat den Familiennamen? Vom Vater, von der Mutter? Von beiden Eltern?

3   Welche Variante gefällt Ihnen am besten?
Führen Sie eine kleine Debatte.

In Deutschland kann ein Ehepaar unter den folgenden Möglichkeiten wählen.

Charlotte Freund und **Tom Singer** heiraten. Sie könnten nun so heißen:	Die Kinder heißen:
1. *Charlotte Singer* und *Tom Singer*	*Singer*
2. *Charlotte Freund* und *Tom Freund*	*Freund*
3. *Charlotte Freund-Singer* oder *Singer-Freund* und *Tom Singer*	*Singer*
4. *Charlotte Freund* und *Tom Freund-Singer* oder *Singer-Freund*	*Freund*
5. *Charlotte Freund* und *Tom Singer*	*Freund* oder *Singer*

Gefallen/Missfallen äußern	einer Äußerung zustimmen	etwas ablehnen/ Gegenargumente anführen
Also, ich finde die Variante … am besten. Da weiß man gleich, wer …	*Da bin ich ganz deiner Meinung. Man muss schließlich …*	*Aber das ist doch sehr unpraktisch.*
Mir gefällt die Regelung … Endlich mal ein Fortschritt für die Frauen.	*Stimmt, die Variante ist gar nicht schlecht. Schade, dass es das in meiner Heimat nicht gibt.*	*Stell dir doch mal vor, … Da kann ich dir gar nicht zustimmen. Es ist doch unmöglich, wenn …*
Wenn ich in Deutschland heiraten würde, würde ich mich für … entscheiden. …	*Da hast du eigentlich recht. Es ist doch am besten, wenn man …*	*Also, ich finde das sehr unpassend für eine Familie. …*

AB 30   20

LESEN 2

__1__ **Was kann der Staat Ihrer Meinung nach tun, um Familien bei der Erziehung der Kinder zu helfen?**
Sprechen Sie in Gruppen darüber.
Sammeln Sie anschließend die Ergebnisse in der Klasse.

__2__ **Staatliche Hilfen für Familien**
Unter diesem Titel gab das Bundesfamilienministerium
eine Broschüre heraus.
Was erwarten Sie in einer solchen Broschüre?

☐ Regeln dafür, wie Familien sich in der Politik verhalten sollen.
☐ Eine Hilfe für Politiker, die sich für Familien einsetzen wollen.
☐ Informationen für Familien zu den wichtigsten Hilfen des Staates.

__3__ **Zuordnung**
Lesen Sie die Zusammenfassungen zu den Texten 1 bis 7. Lesen Sie
anschließend die Texte A bis D. Was passt zusammen?
Für welche Zusammenfassungen gibt es keinen passenden Text?

Zusammenfassung	1	2	3	4	5	6	7
Text	C						

2

1 Will ein Ehepaar oder eine Einzelperson ein Kind annehmen, müssen gewisse Voraussetzungen erfüllt werden.

2 Wer für die Erziehung seines Kindes zu Hause bleibt, kann bis zum zweiten Geburtstag des Kindes finanzielle Unterstützung vom Staat erhalten. Die Höhe richtet sich nach dem Familieneinkommen.

3 Hat eine werdende Mutter ein Arbeitsverhältnis, so muss sie sechs Wochen vor und acht Wochen nach der Geburt nicht arbeiten, erhält aber in dieser Zeit so viel Geld wie ihr letztes Nettogehalt.

4 Nach der Geburt eines Kindes kann auch ein berufstätiger Elternteil zur Betreuung des Kindes maximal drei Jahre zu Hause bleiben. Der Arbeitsplatz bleibt dabei erhalten.

5 Eltern erhalten unabhängig von ihrem Einkommen für jedes Kind bis zum Ende der Ausbildung (maximal bis zum 25. Lebensjahr) Kindergeld.

6 Ab drei Jahren können Kinder einen Kindergarten besuchen, jüngere Kinder können in einer Krippe untergebracht werden.

7 Wird ein Kind berufstätiger Eltern krank, so kann jeder Elternteil bis zu zehn Tage pro Jahr zur Pflege des kranken Kindes zu Hause bleiben und erhält von der Krankenkasse Krankengeld.

A ELTERNZEIT

▶ Arbeitnehmerinnen und Arbeitnehmer, die ihr Kind selbst betreuen und erziehen, haben bis zum Ende des 3. Lebensjahres des Kindes Anspruch auf Elternzeit (früher: Erziehungsurlaub).

▶ Während der Elternzeit darf der Arbeitgeber dem Elternteil, der das Kind betreut, nicht kündigen. Jeder Elternteil kann seine Elternzeit in bis zu zwei Abschnitte aufteilen. Mit Zustimmung des Arbeitgebers kann eine Aufteilung in weitere Abschnitte erfolgen.

▶ Erstmals können Väter und Mütter bei unveränderter Dauer der Elternzeit von 3 Jahren gleichzeitig Elternzeit nehmen. Beide Eltern können ihre Arbeitszeit verringern.

▶ In der Praxis nehmen rund 98 % der Frauen Elternzeit. Männer tun sich noch schwer, diese Zeit als Chance für ein intensives Zusammenleben mit ihren Kindern zu nutzen.

B KINDERGELD

▶ Grundsätzlich kann Kindergeld erhalten, wer in Deutschland einen Wohnsitz hat oder im Ausland wohnt, aber in Deutschland einkommensteuerpflichtig ist.

▶ Man erhält Kindergeld für eheliche, nichteheliche und adoptierte Kinder sowie für Kinder des Ehegatten und Enkelkinder, die im Haushalt des Antragstellers leben, und für Pflegekinder.

▶ Normalerweise wird Kindergeld nur für Kinder bis zum 18. Lebensjahr gezahlt, es kann aber bis zur Vollendung des 25. Lebensjahres Kindergeld weitergezahlt werden, solange das Kind sich in der Schul-, Berufsausbildung oder dem Studium befindet.

▶ Kindergeld wird monatlich in folgender Höhe gezahlt: 154 Euro jeweils für das erste bis dritte Kind, 179 Euro für jedes weitere Kind.

30

C ADOPTION

▶ Es gibt erheblich mehr Ehepaare, die es sich wünschen, Kinder zu adoptieren, als Kinder, die auf eine Adoption warten.

▶ Wer ein Kind allein annehmen will, muss grundsätzlich mindestens 25 Jahre alt sein. Bei einem Ehepaar genügt es, wenn nur einer der Ehegatten 25 Jahre alt ist, der andere muss aber wenigstens 21 Jahre alt sein.

▶ Darüber hinaus müssen Adoptiveltern körperlich und geistig gesund sein und dürfen sich nicht in finanziellen Schwierigkeiten befinden.

▶ Es gilt, zunächst einen Fragebogen auszufüllen und ein persönliches Beratungsgespräch zu führen.

▶ Mit der Adoption wird das Kind wie ein leibliches in die Adoptivfamilie eingegliedert.

D TAGESBETREUUNG VON KINDERN

▶ Für Eltern, die ihr Kind ganztags oder für einen Teil des Tages außerfamiliär betreuen lassen möchten, stehen zwei Einrichtungen zur Verfügung: Tageseinrichtungen und Tagespflege.

▶ Unter Tageseinrichtungen versteht man Krippen (für Kinder unter 3 Jahren), Kindergärten (für Kinder von 3 Jahren bis zum Schuleintritt) und Horte (für Schulkinder außerhalb des Unterrichts).

▶ Die Tagespflege ist insbesondere in den ersten Lebensjahren eine Alternative zur Betreuung in einer Tageseinrichtung. Meist kümmert sich eine sogenannte Tagesmutter im eigenen Haushalt um das Kind. Häufig haben Tagesmütter (oder -väter) eigene Kinder und nehmen weitere Kinder in Pflege.

▶ Wer eine Tagesmutter sucht, kann sich an das Jugendamt oder an einen Tagesmütterverein wenden.

2

__4__   **Was halten Sie von diesen Regelungen?**

a Welche dieser Regelungen finden Sie besonders sinnvoll? Gibt es auch eine, die Ihnen weniger gefällt? Begründen Sie Ihre Meinung.

b Wie sehen die Hilfen und Regelungen für Familien in Ihrer Heimat aus?   `AB 31` 21

GR __5__   **Reflexive Verben**   GR S. 32/2

a Unterstreichen Sie in den Texten A bis D alle Verben mit dem Reflexivpronomen *sich*.

b Welche Reflexivpronomen stehen im Akkusativ, welche im Dativ? Ordnen Sie zu.

Reflexives Verb + Pronomen im Akkusativ	Reflexives Verb + Pronomen im Dativ
ich entscheide mich	*ich wünsche mir*

c Bilden Sie zu diesen Verben Beispielsätze, möglichst in der 1. oder 2. Person Singular.
Beispiele: *Ich muss mich bald entscheiden, ob ich halbtags oder ganztags arbeiten will.*
Ich wünsche mir einen Hund.   `AB 31` 22–23

GR __6__   **Reflexiv oder reziprok?**

Bei welchen der genannten Verben kann man das Reflexivpronomen durch *einander* ersetzen? Bilden Sie, wo möglich, Formen mit dem reziproken Pronomen *einander*.

Form mit Reflexivpronomen	Form mit *einander*
1 Wir kennen uns schon fünf Jahre.	*Wir kennen einander schon fünf Jahre.*
2 Sie teilen sich die Hausarbeit auf.	
3 Ihr habt euch seit Tagen nicht mehr gesehen.	
4 Sie lieben sich seit vielen Jahren.	
5 Wir fragen uns, wann wir das Problem lösen.	
6 Ihr kümmert euch um eure Kinder.	

`AB 32` 24

ÜG S.94 ff.

1 Modalverben

a Formen

Person	Präsens Endung	Präteritum Endung	Perfekt als Vollverb	als Modalverb
ich	will	wollte	habe gewollt	habe kommen wollen
du	darfst	durftest	hast gedurft	hast rauchen dürfen
er/sie/es	kann	konnte	hat gekonnt	hat spielen können
wir	sollen	sollten	*	haben erzählen sollen
ihr	müsst	musstet	habt gemusst	habt aufhören müssen
sie/Sie	mögen	mochten	haben gemocht	haben losfahren mögen

* Für „sollen" existiert diese Form nicht.

b Grundbedeutung der Modalverben

Modalverb	Beispiel	Bedeutung
können	*Ich kann schwimmen.*	Fähigkeit
	Können wir uns treffen?	Möglichkeit
	Du kannst den Kuchen essen.	Erlaubnis
dürfen	*Ich darf in die Disco gehen.*	Erlaubnis
nicht dürfen	*Hier darf man nicht rauchen.*	Verbot
	Du darfst nicht alles glauben.	Empfehlung/Rat
wollen	*Er will, dass sie zu Hause bleibt.*	Wunsch/Absicht
	Sie wollen ein Haus kaufen.	
mögen	*Ich mag schnelle Autos.*	Gefallen/Zuneigung
	Er mag sie sehr.	
möchte(n) (Konj. II)	*Sie möchten endlich Urlaub machen.*	Wunsch/Absicht
müssen	*Du musst endlich eine Entscheidung treffen.*	Notwendigkeit
	Im Auto muss man sich anschnallen.	Pflicht/Gebot
sollen	*Herr Huber, Sie sollen Ihre Frau anrufen.*	indirekte Bitte/Aufforderung
sollte(n) (Konj. II)	*Du solltest nicht so viel rauchen!*	Empfehlung/Rat

2 Reflexive Verben

ÜG S.92

a Formen der Reflexivpronomen

Person	Reflexivpronomen im Akkusativ	Reflexivpronomen im Dativ
ich	wasche mich	wasche mir die Hände
du	wäschst dich	wäschst dir die Hände
er/sie/es	wäscht sich	wäscht sich die Hände
wir	waschen uns	waschen uns die Hände
ihr	wascht euch	wascht euch die Hände
sie/Sie	waschen sich	waschen sich die Hände

b Reinreflexive, teilreflexive und reziproke Verben

reinreflexiv: *sich beeilen, sich wundern, sich erholen* usw. Diese Verben müssen mit einem Reflexivpronomen stehen. *Bitte beeil dich, wir müssen in 20 Minuten am Bahnhof sein.*	teilreflexiv: *(sich) waschen, (sich) kämmen, (sich) setzen* usw. Diese Verben kann man mit oder ohne Reflexivpronomen verwenden. *Die Friseurin kämmt die Kundin. Du kämmst dich.*	reziprok: *sich kennen, sich lieben, sich verstehen* usw. Hier bezeichnet man eine gegenseitige Beziehung. Man verwendet den Ausdruck meist im Plural. *Wir kennen uns schon lange. = Wir kennen einander schon lange.*

3

__1__ **Welches Fest wird hier wohl gefeiert?**
Woran erkennen Sie das?

__2__ **Was machen Sie selbst zu diesem Anlass?**
Sprechen Sie in kleinen Gruppen darüber und
berichten Sie dann in der Klasse.

__3__ **Geschenke**
Sprechen Sie zu zweit über die folgenden Fragen.

a Zu welchem Anlass bekommt man in Ihrem
Heimatland Geschenke?

b Was war das schönste Geschenk, das Sie je
bekommen haben?

c Was war das scheußlichste Geschenk, das Sie
je bekommen haben?

33

1 Hören Sie den Anfang eines Gesprächs.

CD 1|14

Wer spricht hier? Ergänzen Sie die Angaben zu den Personen.

Alter   33

Beruf ....

wohnt in ....

Frau Störli   *Herr Sperling*   *Herr Ruf*   *Frau Weber*

2 Was denken Sie? Wer von diesen Personen feiert gern, wer nicht?

	Frau Störli	Herr Sperling	Herr Ruf	Frau Weber
Wer feiert gern und viel?				
Wer hasst Feste aller Art?				
Wer mag originelle Partys?				
Wer liebt Familienfeste?				

3 Hören Sie nun den zweiten Teil des Gesprächs in Abschnitten.

Abschnitt 1 **a** Wer beschreibt welches Fest?

CD 1|15

Geburtstagsfest – Überraschungsparty – Party mit Rollenspiel – Gartenfest – Familienfeier – Abschlussball – Jubiläum

Frau Störli spricht über ....

Herr Sperling ....

Herr Ruf ....

Frau Weber ....

Abschnitt 2 **b** Welche der folgenden Aussagen sind richtig, welche falsch?   richtig falsch

CD 1|16

Herr Sperling freut sich über die Geburtstagsgeschenke seiner Familie.   ☐   ☐

Frau Weber feiert Weihnachten mit ihren Eltern und ihrem Bruder.   ☐   ☐

Herr Ruf kritisiert das Weihnachtsfest. Ihn stört die „falsche" Harmonie.   ☐   ☐

Frau Störli findet, dass Kinder nicht so viele Geschenke bekommen sollten.   ☐   ☐

Abschnitt 3 **c** Antworten Sie frei.

CD 1|17

Was soll man auf der Party von Herrn Ruf <u>nicht</u> tun?

Was möchte Frau Störli in puncto Essen gern tun?

Wo würde Frau Weber gern feiern?

4 Welche Ihrer Vermutungen (Aufgabe 2) waren richtig?   AB 36 2

5 Gespräch im Kurs: Was halten Sie von Familienfeiern?   AB 36 3

1 Welche deutschen Feste kennen Sie?

Berichten Sie kurz in der Klasse.

2 Feste im Lauf eines Jahres

Ordnen Sie die folgenden Feste den Jahreszeiten bzw. Monaten zu.

Nikolaus – Ostern – Dreikönigstag – Neujahr – Pfingsten –
Weihnachten – Karneval – Advent – Silvester

WINTER		FRÜHLING		SOMMER					HERBST		WINT
Januar	Februar	März	April	Mai	Juni	Juli	August	September	Oktober	November	Dezember
											Nikolaus (6. 12.)

AB 37 | 4

3 Zuordnung

a Welches Bild passt zu welchem Begriff?

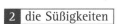

1 der Osterhase	2 die Süßigkeiten	3 die Weihnachtsgans	4 die Ostereier
5 die Maske	6 die Raketen	7 das Nikolausgeschenk	8 die Heiligen Drei Könige
9 das Christkind	10 der Sekt	11 der Weihnachtsmann	12 der Adventskranz
13 Knecht Ruprecht	14 die Plätzchen	15 der Pfingstochse	16 der Weihnachtsbaum

b Ordnen Sie die Begriffe den Festtagen zu.

Karneval	Dreikönigstag	Ostern	Pfingsten	Advent	Nikolaus	Weihnachten	Silvester
		Osterhase		*Plätzchen*			

c Ordnen Sie die folgenden Aktivitäten ebenfalls in die Tabelle oben ein.
Manche Aktivitäten passen mehrmals.

jeden Sonntag eine Kerze anzünden – sich verkleiden – mit der Familie
feiern – spät ins Bett gehen – das Zimmer schmücken – Blei gießen –
viel essen – mit Freunden feiern – Lieder singen

d Vergleichen und diskutieren Sie Ihre Lösungen.

4 Welche dieser Feste und Bräuche gibt es auch in
Ihrem Heimatland?

__1__ Lesen Sie die Überschriften der Zeitungsmeldungen und sehen Sie sich das Foto an.

ⓐ Zu welchem Text könnte das Foto gehören?

ⓑ Um welche Feste geht es hier? Was wissen Sie über diese Feste?

ⓒ Bilden Sie kleine Gruppen und stellen Sie Vermutungen darüber an, worum es in den Meldungen geht. Berichten Sie anschließend in der Klasse.

__2__ Lesen Sie nun die Zeitungsmeldungen.

ⓐ Unterstreichen Sie die Hauptinformationen.

A Nikoläuse in Bad Tölz

Zum Jahrestreffen des Allgemeinen Deutschen Nikolausbundes (ADN) werden diese Woche mehr als tausend Teilnehmer im oberbayerischen
5 Bad Tölz erwartet. Hauptthema ist heuer die wachsende Gewaltbereit- schaft bei Kindern und Jugendlichen. ADN-Vorsitzender Rüdiger von Braun: „Letztes Jahr wurden einige Nikoläuse
10 von enttäuschten Kindern kranken- hausreif geschlagen. Deshalb haben wir beschlossen, Selbstverteidigungs- kurse für unsere Mitglieder anzubie- ten." Eine zusätzliche psychologische
15 Schulung soll den Kursteilnehmern helfen, Konflikte zu entschärfen, be- vor es zu Schlägereien kommt.

B Verwirrende Sonnwendfeuer

Mitten im Pilsensee landete in der gestrigen Nacht ein Hubschrauber. Der Pilot hatte drei Sonnwendfeuer an den Ufern des Gewässers mit Landesignalen verwechselt. Er bemerkte seinen Irrtum erst, als es bereits zu spät war. Während das Fluggerät im Wasser versank, konnten sich die
5 beiden Passagiere ans Ufer retten. Dort wurden sie von den Teilnehmern der Sonnwendfeier mit trockener Wäsche und Freibier versorgt. Der Sachschaden beträgt mindestens 100 000 Euro.

C Vogelfreundliche Knaller

Tiere, vor allem Vögel, sind die Hauptleidtragenden der jährlichen Silvesterknallerei. Dagegen wollen der Vogelschutzbund Deutschlands
5 (VSD) und die Firma Böllernit KG nun gemeinsam in die Offensive gehen. Auf einer Pressekonferenz in Baden-Baden stellten sie ein tierfreundliches Silvesterfeuerwerk vor. Es handelt sich
10 dabei um extrem leise Knaller und Raketen, die ihre Farbenpracht nicht entfalten, während sie fliegen, son- dern erst, nachdem sie wieder auf dem Boden aufgeschlagen sind.

D TIERISCHE OSTERN

Immer wenn das Osterfest naht, verstecken Mitarbeiter des Münch- ner Tierparks Hellabrunn Tausen- de süßer Überraschungen auf
5 dem großen Freigelände des Zoos. An den Osterfeiertagen können aufmerksame junge Tierfreunde also auch dieses Jahr wieder allerlei kleine Geschenke finden.
10 Die Direktion weist jedoch aus- drücklich darauf hin, dass nur in den frei zugänglichen Grünanla- gen gesucht werden darf, keines- falls in den Tiergehegen.

E Weihnachts„feuer"tage

Über mangelnde Beschäftigung während der Weihnachts- feiertage konnte sich die städtische Berufsfeuerwehr dieses Jahr wahrhaftig nicht beklagen. Mehr als dreihundert Ein- sätze im gesamten Münchner Stadtgebiet hielten Ober-
5 branddirektor Wanninger und seine Mitarbeiter rund um die Uhr in Atem. In den meisten Fällen konnten sie das Feuer schnell unter Kontrolle bringen. Zwei Einfamilienhäuser und mehrere Etagenwohnungen brannten jedoch vollständig aus. Die Hauptursache für die wachsende Zahl von Christ-
10 baumbränden sieht Wanninger in der Nostalgiewelle: „Seit der Trend zurück zur Wachskerze geht, brennt es natürlich wieder öfter."

LESEN 1

ⓑ Ergänzen Sie die Hauptinformationen im Kasten.

Meldung	Wer?	Wo?	Wann?	Was?	Warum?
A	Nikoläuse	Bad Tölz	?		
B					
C					
D					
E					

AB 37 5

__3__ **Welche Meldungen sind Ihrer Meinung nach wahr, welche nicht?**

Begründen Sie Ihre Wahl.

Die Meldung über ... ist sicherlich richtig.
Die Meldung über ... könnte wahr sein.

Die Meldung über ... kann einfach nicht stimmen, weil ...
Es ist völlig unrealistisch, dass ...
..., das gibt es nie und nimmer.

Wenn Sie wissen wollen, welche Meldungen wirklich wahr sind, lesen Sie im Arbeitsbuch nach.

AB 37 6

GR __4__ **Temporalsätze**   GR S. 44/1

ⓐ Markieren Sie im Text alle Nebensätze mit einem temporalen Konnektor.
ⓑ Ordnen Sie die Konnektoren in die Übersicht ein.

Handlung in Haupt- und Nebensatz	gleichzeitig	
	nicht gleichzeitig	... Konflikte zu entschärfen, bevor es zu schlägereien kommt.

GR __5__ **Klären Sie die Funktion der Konnektoren *als* und *wenn*.**

ⓐ Was wird im folgenden Satz mit *als* ausgedrückt?
„Deshalb bemerkte der Pilot seinen Irrtum erst, als es zu spät war."

☐ eine einmalige Handlung in der Vergangenheit
☐ eine wiederholte Handlung in der Vergangenheit

ⓑ Was wird im folgenden Satz mit *wenn* ausgedrückt?
„Immer wenn das Osterfest naht, verstecken Mitarbeiter Überraschungen."

☐ eine wiederholte Handlung in der Gegenwart
☐ eine einmalige Handlung in der Gegenwart

ⓒ Setzen Sie Satz **ⓑ** in die Vergangenheit: Immer _____ das Osterfest nahte, ...

GR __6__ **Regel zu den Konnektoren *als* und *wenn***

Ergänzen Sie das Regelschema. Nehmen Sie die Beispiele aus Aufgabe 5 zu Hilfe.

	Vergangenheit	Gegenwart/Zukunft
einmalige Handlung		*wenn*
wiederholte Handlung	(immer)	(immer)

AB 38 7–8

GR __7__ **Die Konnektoren *bevor, nachdem, während* und *seit(dem)***

Sehen Sie sich noch einmal die Sätze mit den Konnektoren *bevor, nachdem während* und *seit(dem)* an. Welcher Konnektor drückt aus, dass

■ die Handlung im Hauptsatz zeitlich vor der Handlung im Nebensatz stattfindet?
■ im Nebensatz der Beginn einer Zeitspanne ausgedrückt wird?
■ die Handlungen in Haupt- und Nebensatz gleichzeitig stattfinden?
■ die Handlung im Hauptsatz zeitlich nach der Handlung im Nebensatz stattfindet?

AB 38 9–10

1 Telefongespräche hören

CD 1 | 18–19

Hören Sie zwei kurze Telefongespräche.

a Worum geht es in den beiden Gesprächen?

b Welches Telefongespräch findet zwischen
■ guten Freunden statt? ■ Geschäftsfreunden statt?

c Woran haben Sie das erkannt?

2 Formelle Telefongespräche

Lesen Sie das Gespräch und erklären Sie die Situation.

a Wer ruft wen an?

b Was möchte der Anrufer?

c Wird sein Wunsch erfüllt?

3 Unterstreichen Sie die Schlüsselwörter.

Spielen Sie danach den Dialog zu zweit.

Eröffnen Sie das Gespräch mit einer Begrüßung.
Einen schönen guten Morgen.
Hier spricht Jürgen Bäumer.

Antworten Sie höflich.
Hallo, Herr Bäumer.
Schön, mal wieder von Ihnen zu hören.
Was kann ich für Sie tun?

Nennen Sie Ihren Wunsch.
Sie haben unser Sommerfest letztes Jahr unterstützt.
Es wäre schön, wenn Sie das dieses Jahr wieder tun.

Reagieren Sie.
Leider sieht es dieses Jahr nicht so gut aus.

Zeigen Sie Verständnis.
Wir haben uns deshalb was Einfacheres vorgestellt.
Wir wollen im Garten grillen.

Fragen Sie nach.
Ja, das ist mal was anderes und
nicht so teuer wie ein Büfett.
Und was können wir da beitragen?

Nennen Sie Einzelheiten.
Wir dachten, Sie könnten uns vielleicht
die Getränke sponsern.

Stellen Sie weitere Fragen.
Wie viel wäre das dann?

Erklären Sie.
Letztes Jahr haben wir 500 Euro
für Getränke ausgegeben.

Sagen Sie vorsichtig zu.
Ich denke, das lässt sich machen.

Nennen Sie noch einen Vorteil.
Ach, Frau Schneider, das wäre wirklich schön.
Natürlich werden wir Ihre Firma
auf unserer Einladungskarte nennen.

Beenden Sie das Gespräch.
Machen wir es doch einfach so:
Sie schicken mir eine Mail mit den Daten und
ich melde mich innerhalb einer Woche bei Ihnen.

Verabschieden Sie sich.
Ja, ganz herzlichen Dank für heute und bis bald.

AB 39 11

4 Variieren Sie den Dialog.

Beispiel: Es geht um eine Hilfsaktion, für die Sie Geld sammeln.

__1__   Lesen Sie die folgenden Einladungen.

(a) Um was für eine Art von Festen oder Feiern handelt es sich?

1

> *Wir haben beschlossen,*
> *unseren weiteren Lebensweg zusammen zu gehen.*
> *Unsere Trauung findet **am Donnerstag, den 21. September***
> ***um 11.30 Uhr** auf dem Standesamt am Mariahilfplatz 9 statt.*
> *Dazu und zu der anschließenden Feier*
> *im Hotel „Bayerischer Hof" laden wir*
>
> _____
>
> *herzlichst ein.*
>
> *München, **im August 20. .***
> *Renate Schneider und Harald Gerstenberg*
>
> *U. A. w. g.*

U. A. w. g. = Um Antwort wird gebeten.

2

Das Jahr neigt sich dem Ende zu und wieder mal beginnen sich alle Singles
voller Sorge zu fragen: „Was mache ich bloß **an Silvester**?"
Hier ist auch schon die Antwort: Kommt zu unserer privaten

SINGLE-SILVESTER-PARTY

und bringt so viele Singles mit, wie ihr wollt!
Wann? Am 31.12. ab 21 Uhr
Wo? In der *Wunderbar*.
Für Snacks und Getränke ist gesorgt.

Live-Musik mit den „ROTEN HOSEN"

Wir freuen uns auf Euch und auf ein schönes Fest!
Eure Andrea, Sabine, Holger und Carsten

3

```
Keiner glaubt's, doch es
ist leider trotzdem wahr:
Euer Klaus wird 30!
So schnell wird man heut-
zutage zum Greis!
Das muss beweint werden!
Kommt alle und jammert
mit!
Die Trauerfeierlichkeiten
beginnen am 30. Mai gegen
20 Uhr (bei mir zu Hause).
Damit es nicht allzu trist
wird, ist für Essen, Trin-
ken und Tanzen gesorgt.
Ihr braucht also nichts
mitzubringen (außer den
wertvollen Geschenken
natürlich!).

Liebe/r _____,
ruf mich doch bitte an,
damit ich weiß, ob Du auch
zum Trösten kommst.
```

(b) Notieren Sie die wichtigsten Informationen in Stichworten.

	Wo?	Wann?	Wie?
Einladung 1			
Einladung 2			
Einladung 3	*bei Klaus zu Hause*		

GR __2__   Temporale Präpositionen   GR S. 44/2

(a) Unterstreichen Sie in den Texten alle temporalen Präpositionen.

(b) Bilden Sie zu jeder Präposition einen neuen Beispielsatz.   `AB 40`   12–16

__3__   Schreiben Sie nun selbst eine Einladung.

Die Ausdrücke und Sätze auf den Einladungskarten können Ihnen helfen.

Wählen Sie einen Anlass (formell oder informell).

Informieren Sie Ihre Gäste darüber,
■ wo   ■ wann (Datum, Uhrzeit)   ■ wie
gefeiert werden soll.

Bitten Sie auch um eine Antwort.   `AB 41`   17–18

HÖREN 2

__1__ **Sehen Sie sich das Bild an.**

   (a) Kennen Sie dieses Fest? Was wissen Sie bereits darüber?

   (b) Was würden Sie gern noch dazu erfahren? Sammeln Sie Fragen.

__2__ **Hören Sie nun eine Reportage zum Thema Oktoberfest in München.**

CD 1|20–22   Lesen Sie sich vor dem Hören die Aufgaben durch.

   (a) Zu welchen Themen erfahren Sie etwas? Kreuzen Sie beim Hören oder danach an.

☐ Attraktionen auf dem Oktoberfest	☐ Namen der Veranstalter
☐ Zeitpunkt und Dauer des Festes	☐ Größe der Bierzelte
☐ Herkunftsländer der Touristen	☐ Atmosphäre im Bierzelt
☐ Platzreservierungen im Bierzelt	☐ Vorlieben der Wiesn-Besucher
☐ Interessen der jungen Besucher	☐ Grund für das Oktoberfest

   (b) Welche Personen werden interviewt?

     1. ....   2. ....   3. ....

__3__ **Hören Sie die Reportage nun noch einmal in drei Abschnitten.**

    Beantworten Sie nach jedem Abschnitt die dazugehörigen Fragen in Stichworten.

Abschnitt 1 (a) Welches Bild hat man im Ausland vom Oktoberfest oder „beer-festival"?

CD 1|20 (b) Warum kommt die Touristin immer wieder gern zur Wiesn?

Abschnitt 2 (c) Größe und Anzahl der Bierzelte?

CD 1|21 (d) Was machen die Wiesn-Gäste vor allem im Bierzelt?

   (e) Wo sitzt der zweite Interview-Partner und woher stammt er?

   (f) Was gefällt ihm auf dem Oktoberfest gut?

   (g) Was weniger gut?

Abschnitt 3 (h) Was macht das befragte Kind am liebsten auf der Wiesn?

CD 1|22 (i) Woher hat die Theresienwiese ihren Namen?

   (j) Das Fest hat also auch mit .... zu tun und viele Besucher kaufen dort Lebkuchen............................ .

AB 42   19

40

__1__ Halten Sie ein Referat über ein Fest in Ihrem Heimatland.

ⓐ Wählen Sie ein Fest aus, das Sie selbst besonders gern mögen oder das Sie besonders interessant finden.

ⓑ Notieren Sie sich Stichworte zu den folgenden Punkten.
- Zu welchem Anlass findet das Fest statt?
- Wann und wo findet das Fest statt?
- Wer ist dabei?
- Was wird gemacht?
- Wie wird das Fest vorbereitet?
- Was wird gegessen und getrunken?
- Wie feiern Sie dieses Fest und wie gefällt es Ihnen?
- Was finden Sie besonders interessant?
- Eine besondere Begebenheit, die Sie bei dem Fest erlebt haben
- Stellenwert dieses Festes in Ihrem Heimatland

ⓒ Ordnen Sie Ihre Stichworte den Gliederungspunkten zu.

Einleitung	Hauptteil	Schluss

__2__ „Inszenieren" Sie Ihr Referat.

Ein Referat wird immer dann interessant, wenn die Zuhörer auch etwas sehen, hören, schmecken oder fühlen können. Überlegen Sie sich, wie Sie Ihr Referat gestalten können. Beispiele: Bilder (Fotos, Dias), Landkarte mitbringen, an die Tafel zeichnen, typische Musik vorspielen, etwas vortanzen oder -singen, etwas Typisches zu essen oder zu trinken mitbringen. Sprechen Sie Ihre Pläne mit der Kursleiterin / dem Kursleiter ab.

__3__ Sprachliche Vorbereitung

Überlegen Sie sich, wie Sie Ihre Ideen formulieren wollen. Notieren Sie sich Redewendungen und Wörter. Die folgenden Redewendungen für Einleitung und Schluss können Ihnen helfen.

Einleitung
Ich möchte heute/nun über ... berichten.
In meinem Referat/Vortrag geht es um ...
Ich werde euch/Ihnen nun etwas über ... erzählen.

Schluss
Ich kann euch/Ihnen empfehlen, dieses Fest einmal selbst zu besuchen.
So, nun wisst ihr / wissen Sie ein wenig mehr über ... und ...
Ich hoffe, dieser kleine Bericht hat euch/Ihnen gefallen.
Habt ihr / Haben Sie noch Fragen?

__4__ Halten Sie Ihr Referat vor der Klasse.

Beachten Sie die folgenden Tipps.
- Entspannen Sie sich und sehen Sie Ihre Zuhörer an.
- Sprechen Sie frei. Lesen Sie nicht vor.
- Werden Sie nicht nervös, wenn Ihnen ein Wort nicht einfällt. Machen Sie eine kleine Pause und beginnen Sie den Satz neu.

AB 43 20–21

41

LESEN 2

<u>1</u> **Karneval - Fastnacht - Fasching**

  🅐 Kennen Sie diese Begriffe? Erzählen Sie, was Sie darüber wissen.

  🅑 Lesen Sie nun drei Aussagen.

1 In den letzten zwei, drei Jahrzehnten ist der Karneval zu einem oft ordinären Spektakel geworden. Es gibt nur noch wenige Feste, die wirklich Stil haben, wie zum Beispiel der Maskenball des städtischen Kulturvereins. Dort bin ich Jahr für Jahr jeden Rosenmontag, und das schon seit Mitte der Sechzigerjahre, also über 40 Jahre lang. Die Herren kommen im dunklen Anzug und die Damen im Abendkleid. Man trägt nur eine kleine Maske. Das Orchester spielt den ganzen Abend über Operettenmusik und Walzer. Es wird viel getanzt, geplaudert und natürlich Champagner getrunken. Ein bisschen erinnert das an den Wiener Opernball.

2 Ich habe den Fasching immer gehasst, schon von Kindheit an. Diese ganze zwanghafte Fröhlichkeit ist doch fürchterlich. Die Leute verkleiden sich und verwandeln sich innerhalb einer Minute in totale Idioten. Man hat den Eindruck, irgendwie brauchen die das. Das ganze Jahr über ertragen sie die Gemeinheiten ihrer Kollegen oder Spannungen in der Familie und so. Als Ventil gibt's dann den Fasching, wo man für ein paar Tage aus der Rolle fallen darf. Man lässt Dampf ab, damit man danach den Alltagstrott wieder besser ertragen kann. Ich bin lieber lustig, wenn ich mich wirklich lustig fühle, und es ist mir völlig egal, ob das während des Faschings ist oder außerhalb.

3 Für mich ist Fasching die schönste Jahreszeit. Da kann man wenigstens für ein paar Wochen mal völlig verrückt sein. Das geht vom elften November an langsam los, und in den letzten vierzehn Tagen bin ich dann so gut wie jeden Abend unterwegs. Je größer das Fest ist, desto besser. Alle sind locker und wollen Spaß haben. Und wenn auch noch die richtige Musik dazukommt, mit viel Rhythmus und Power, dann geht die Post ab. Da ist alles möglich, und man kann die tollsten Bekanntschaften machen. Seit Jahren wünsche ich mir, mal zum Karneval nach Rio zu fahren. Aber leider macht mein Geldbeutel nicht mit.

  🅒 Wie beurteilen die Leute den Karneval?

	negativ	neutral	positiv	sehr positiv
Person 1				
Person 2				
Person 3				

  🅓 Welche Aussage finden Sie sympathisch? Mit welcher der drei Personen würden Sie gern einmal ausgehen? Warum?

<u>GR 2</u> **Temporale Präpositionen**   GR S. 44/2

  🅐 Unterstreichen Sie alle Präpositionen in den Texten.

  🅑 Welche dieser Präpositionen werden temporal gebraucht? Machen Sie eine Liste und klären Sie die Bedeutung.

Präposition	Bedeutung
Jahr für Jahr	jedes Jahr wieder
seit Mitte der sechzigerjahre ...	Mitte der sechzigerjahre hat es begonnen

AB 44 22

<u>3</u> **Wird in Ihrem Heimatland auch Karneval gefeiert?**
Wenn ja, berichten Sie in der Klasse darüber.

<u>1</u> **Sehen Sie sich die Karikatur genau an.**

a Erfinden Sie zu zweit eine kleine Geschichte. Wer ist der Mann?
Was hat er vor? Wie fühlt er sich?

b Erzählen Sie Ihre Geschichte in der Klasse.

<u>2</u> **Lesen Sie einen literarischen Text zu diesem Bild.**

Lesen Sie genau und langsam. Unterstreichen Sie alle Wörter, die Sie
nicht verstehen. Klären Sie diese Wörter gemeinsam in der Klasse oder
schlagen Sie im Wörterbuch nach.

Bevorzugte sie Helden? Wer konnte das wissen? Aber Weinzierl musste es wissen, denn der erste Eindruck war entscheidend. Ja oder nein? Die Antwort würde sich schon nach einigen Sekunden in ihrem Gesicht abzeichnen. Sollte er sanft wirken oder rau? Meditativ oder expressiv? O Gott, war das schwer! Hatte sie Angst vor wilden Tieren oder Lust auf wilde Tiere, oder gar beides? War „Versicherungskaufmann" ein Vorteil oder ein Handicap? Hielt sie Glatzköpfe für potent oder verbraucht? Weinzierl schwitzte vor Angst. Hätte er die Anzeige doch niemals aufgegeben! Hätte er doch nicht auf ihren Brief geantwortet! Hätte er sich doch für heute Abend nicht verabredet! „Sie sollten in Herzensangelegenheiten zurzeit keine Entscheidungen treffen!" Weinzierl glaubte nicht an Horoskope. Trotzdem war es sonderbar, dass dies gerade heute in der Zeitung stand. O Gott, schon kurz vor acht! Na los jetzt, es wird schon schiefgehen!

<u>3</u> **Textverständnis und –interpretation**

Frage	Antwort
a Wer ist „sie"?	
b Was ist Weinzierl von Beruf?	
c Was für eine Anzeige hat Weinzierl aufgegeben?	
d Wovor hat er Angst?	
e Wo könnte Weinzierl sich verabredet haben?	
f Was für ein Mensch ist Weinzierl? Was für einen Charakter hat er Ihrer Meinung nach?	

<u>4</u> **Erzählen Sie die Geschichte weiter.**

■ Wie verläuft das Treffen zwischen „ihr" und Weinzierl?
■ Wie sieht die Zukunft der beiden aus?

GRAMMATIK – *Temporale Konnektoren; temporale Präpositionen*

1 Temporale Konnektoren

ÜG S. 162 ff.

a Handlung in Haupt- und Nebensatz gleichzeitig

als	*Ich habe mein erstes Auto bekommen, als ich 18 Jahre alt war.*
wenn	*Wenn du aus dem Urlaub zurückkommst, machen wir eine Party.*
	Immer wenn er mich besuchte, brachte er mir Pralinen mit.
während	*Während du deine Hausaufgaben machst, gehe ich schnell einkaufen.*
seitdem	*Seitdem du uns nicht mehr besuchst, ist es richtig langweilig hier.*
bis	*Bis das Essen fertig ist, können wir ja noch ein bisschen spazieren gehen.*

b nicht gleichzeitig

bevor	*Bitte ruf mich doch an, bevor du zu der Party gehst.*
nachdem	*Nachdem er das Buch durchgearbeitet hatte, machte er die Prüfung.*
sobald	*Sobald du kommst, können wir auf das Fest gehen.*

2 Temporale Präpositionen

ÜG S. 68 ff.

a Präpositionen + Dativ

ab	*Ab dem elften November kann man Faschingsfeste besuchen.*
aus	*Dieses Kostüm stammt aus dem 19. Jahrhundert.*
bei	*Beim Essen hat sie mir von ihrem Geburtstagsfest erzählt.*
nach	*Nach Ostern fahren wir in die Türkei.*
seit	*Ich feiere meinen Geburtstag schon seit Jahren nicht mehr.*
von ... bis	*Von Weihnachten bis Ostern habe ich wirklich zu viel zu tun.*
von ... an	*Ich habe Fasching nie gemocht, schon von Kindheit an.*
zu	*Zu dieser Zeit ist er nie zu Hause.*

b Präpositionen + Akkusativ

bis	*Das Fest hat bis drei Uhr morgens gedauert.*
für	*Er geht für drei Jahre zum Militär.*
gegen	*Ich komme wahrscheinlich so gegen 18 Uhr.* (ungefährer Zeitpunkt)
um	*Pünktlich um 19 Uhr wird bei uns gegessen.* (Uhrzeit)
	Mozart ist so um 1760 geboren. (ungefährer Zeitpunkt)

c Präpositionen + Genitiv

während	*Während des Weihnachtsurlaubs kommt unsere ganze Familie zusammen.*
innerhalb	*Du musst das Formular innerhalb eines Monats abschicken.*
außerhalb	*Außerhalb des Karnevals gibt es nur wenig Kostümfeste.*

d Wechselpräpositionen (auf die Frage *wann?* → Dativ)

am	*Ich habe am 18. Januar Geburtstag.* *Die Feier findet am Nachmittag statt.* *Ich mache am Sonntag ein Fest.*	Tag, Datum, Tageszeit, Feiertag
in	*In der letzten Nacht habe ich nicht gut geschlafen.* *Wir treffen uns leider erst in einer Woche.* *Im Februar sind normalerweise die meisten Karnevalsfeste.* *Mozart ist im 18. Jahrhundert geboren.*	Nacht, Woche, Monat, Jahreszeit, Jahrhundert, längerer Zeitraum
vor	*Er hat mich vor drei Tagen eingeladen.*	
zwischen	*Zwischen dem dritten und dem sechsten Januar ist unser Geschäft geschlossen.*	
über	**❶** *Ich bin mit ihr übers Wochenende weggefahren.* (Akkusativ)	

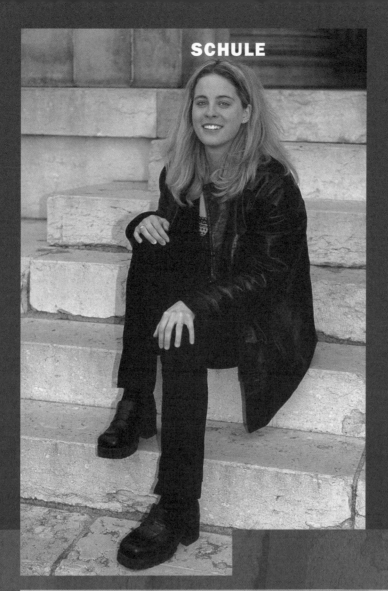

Sabrina W.

Von Kopf ...

Größe:	168 Zentimeter
Schuhgröße:	38
Schule:	Realschule
Klasse:	9
Liebstes Schulfach:	Geschichte
Lieblingssport:	Volleyball, Kampfsport
Leibgericht:	Schokoladeneis, Nudelgerichte – eigentlich fast alles
In der Freizeit mache ich am liebsten:	Musik hören, Fahrrad fahren, telefonieren
Und das mag ich überhaupt nicht:	Krieg, Drogen, nervende Eltern und Lehrer
Berufswunsch:	irgendein Beruf, der sich mit Geschichte befasst

... bis Fuß

__1__ **Lesen Sie den „Steckbrief".**

Ist Ihnen Sabrina sympathisch? Warum? Warum nicht?

__2__ **Interviewspiel**

Stellen Sie nun Ihrer Lernpartnerin / Ihrem Lernpartner fünf
Fragen nach dem Muster des „Steckbriefs". Notieren Sie die
Fragen und Antworten auf ein Kärtchen. Die Kärtchen werden eingesammelt und in der Klasse vorgelesen. Die Klasse
rät, wer die Antworten auf den Kärtchen gegeben hat.

__1__ **Sie hören eine Radiosendung in Abschnitten.**

Wenn nötig, hören Sie die Abschnitte zweimal. Beantworten Sie die Aufgaben nach jedem Abschnitt.

Abschnitt 1
CD 1|23

ⓐ Wo finden die Interviews statt?

ⓑ Wann finden sie statt? (Jahreszeit? Tageszeit?)

Abschnitt 2
CD 1|24

ⓒ Wie fühlt sich der Schüler? Warum?

ⓓ Wie geht es dagegen der Schülerin? Hat sie Angst?

Abschnitt 3
CD 1|25

ⓔ Wie fühlt sich diese Schülerin? *Sehr gut | Gut | Schlecht | Sehr schlecht?*

ⓕ Was für eine Schule besucht sie? Kreuzen Sie an.
☐ eine Hauptschule ☐ eine Realschule ☐ ein Gymnasium

ⓖ Woran erkennen Sie das?

ⓗ Wie werden Leistungen in dieser Schule beurteilt? Kreuzen Sie an.
☐ mit Noten ☐ mit Punkten ☐ mit Worten

Abschnitt 4
CD 1|26

ⓘ Wer wartet vor dem Schultor?

ⓙ Wie sind diese vier Schüler in der Schule? Kreuzen Sie an.

	gut	mittelmäßig	schlecht
Schüler 1	☐	☐	☐
Schüler 2	☐	☐	☐
Schüler 3	☐	☐	☐
Schüler 4	☐	☐	☐

ⓚ Welches Fach spielt hier eine wichtige Rolle?

ⓛ Was machen die Schülerinnen und Schüler noch an diesem Tag?
☐ baden gehen ☐ eine Abschlussfeier in der Schule
☐ eine Party ☐ in Urlaub fahren
☐ essen gehen ☐ ins Kino gehen

__2__ **Hören Sie jetzt ein Gespräch mit Sabrina.**
CD 1|27

ⓐ Wo findet das Gespräch statt?

ⓑ Worum dreht sich das Gespräch?

__3__ **Lesen Sie den folgenden Text.**

Unterstreichen Sie die wichtigsten Wörter.

Sabrina, eine zurückhaltende Schülerin, beteiligte sich zufriedenstellend am Unterricht. Im zweiten Halbjahr zeigte sie einen Leistungsabfall. Ihr Verhalten war recht erfreulich.

ⓐ Wo steht dieser Text wohl?

ⓑ Wer hat ihn geschrieben?

ⓒ Worum geht es in dem Text?

ⓓ Wie findet Sabrina diesen Text? Warum?

ⓔ Wie interpretiert sie ihn?

ⓕ Welche Konsequenz zieht sie? Warum?

ⓖ Was wünscht sie sich?

AB 48 2

__4__ **Welche Bedeutung haben Zeugnisse in Ihrem Heimatland?**

Berichten Sie in der Klasse.

WORTSCHATZ - *Schule*

(Handwritten Zeugnis form, top right)

Frieden-Gymnasium Halle
Name der Schule / Schulort

Zeugnis
des Gymnasiums

Christopher Küch
Vor- und Zuname

geb. am 16. 9. 1982 in Halle

Klasse 8 3   Schuljahr: 19 ___ / ___   Kreis Halle

Halbjahreszeugnis / Jahreszeugnis*

Leistungen:

Deutsch		Geografie	
Englisch (Erste Fremdsprache)	4	Sozialkunde	5
Französisch (Zweite Fremdsprache)	4	Ev. / Kath. • Religionsunterricht	3
Eine Fremdsprache (Wahl- / Pflichtfach*)	4	Ethikunterricht	n.e.
Mathematik	—	Musik	n.e.
Biologie	5	Kunsterziehung	3
Chemie	4	Wirtschaft-Technik / Informatik •	3
Physik	4	Sport	
Geschichte	5	Astronomie	3

Arbeitsgemeinschaften: Informatik

Versäumte Tage: ___, davon unentschuldigt: ___

Bemerkungen: _____

Versetzungsvermerk: nicht versetzt

Ort, Datum Halle, den 16.7

Schulleiterin / Schulleiter

Stadt Halle (Saale)
Frieden-Gymnasium
Karl...
06132...

Kenntnis genommen: _____

Klassenlehrerin / Klassenlehrer

Erziehungsberechtigte

---

1 Sehen Sie sich dieses Zeugnis an.

a Was erfahren Sie aus diesem Zeugnis?

b In welchen Fächern sind die Leistungen des Schülers gut?

c Welches sind die Problemfächer dieses Schülers?

d Welche Noten hat er in diesen Fächern? **AB 48** 3

2 Ergänzen Sie die Schulfächer aus dem Zeugnis.

Welchen Artikel bekommen alle?

-ik	Ethik
-ie	Biologie
-kunde	

3 Welches waren Ihre Lieblingsfächer in der Schule? Und Ihre Problemfächer?

a Ordnen Sie den Adjektiven jeweils ein Fach zu.

Fach	+	Fach	—
Fremdsprachen	einfach		schwierig
	spannend		langweilig
	klar	Physik	kompliziert
	praxisnah		theoretisch
	konkret		abstrakt

b Begründen Sie.

Beispiel: *Physik war für mich in der Schule immer ein Problem. Ich fand das Fach kompliziert und theoretisch. Fremdsprachen waren dagegen für mich einfach. Ich weiß auch nicht genau, warum. Sprachen fallen mir leicht.*

4 Wo gibt es im Text unten Informationen zu den folgenden Fragen?

Schreiben Sie den entsprechenden Buchstaben in die Kästchen.

a Was für eine Schule ist es?

b Wie oft gibt es Zeugnisse?

c Wann muss man die Klasse wiederholen?

d Wie viele Notenstufen gibt es?

e Wie umfangreich ist das Zeugnis?

f Auf welcher Grundlage vergeben Lehrer die Noten?

Ich habe zuletzt die Internationale Schule in Hilversum, Niederlande, besucht. [a] Dort gibt es viermal pro Schuljahr Zeugnisse. Das heißt etwa alle 10 Wochen. [ ] Benotet werden Hausarbeiten, Projekte, mündliche Mitarbeit in der Klasse und natürlich schriftliche Tests. [ ] Die Zeugnisse sind sehr lang, mindestens 12 Seiten, [ ] denn jedes der zehn Fächer bekommt eine eigene Seite. Die Noten gehen von 1 bis 7. [ ] 7 ist die beste Note und bedeutet „ausgezeichnet", 1 ist die schlechteste Note und bedeutet „sehr geringe Leistung". Eine durchschnittliche oder mittlere Note ist also eine 4. Man darf höchstens in zwei Fächern eine schlechtere Note als 4 haben, wenn man im nächsten Schuljahr in die folgende Klasse kommen möchte. [ ]

5 Beschreiben Sie nun das Zeugnis der Schule, die Sie zuletzt besucht haben. **AB 48** 4

__1__ **Sehen Sie die Bilder an.**

Was tragen die Personen?

Jacke – Hose – Rock – Pulli – Blazer – Hemd – T-Shirt – Top – Oberteil
Krawatte – Sweatshirt – Kniestrümpfe – Schuhe – Stiefel

__2__ **Versuchen Sie sich zu erinnern:**

Sie als Schüler von etwa 15 Jahren.

Wie sah Ihre Kleidung an einem normalen Schultag aus?

__3__ **Hören Sie die Einleitung zu einer Radiosendung.**

CD 1|28
ⓐ Was ist das Thema der Sendung?
ⓑ Welche Orte werden genannt?
ⓒ In welcher Kleidung kamen die Schüler dort in den Unterricht?

__4__ **Hören Sie nun, was drei Mädchen und drei Jungen über das Thema denken.**

CD 1|29
Sie hören jede Meinung zweimal.

ⓐ Markieren Sie zuerst:
Findet die Person Schuluniformen gut (+) oder nicht gut (–)?
ⓑ Notieren Sie nach dem zweiten Hören, aus welchem Grund.

Das finden die Mädchen gut (+) oder nicht gut (–):	Das finden die Jungen. gut (+) oder nicht gut (–):
1 Angela ☐ + ☐ –	2 Marius ☐ + ☐ –
Grund:	Grund:
3 Kim ☐ + ☐ –	4 Florian ☐ + ☐ –
Grund:	Grund:
5 Lilli ☐ + ☐ –	6 Lukas ☐ + ☐ –
Grund:	Grund:

__5__ **Welche der Meinungen finden Sie besonders originell?**

SPRECHEN

__1__ Sehen Sie sich das Bild an.

    a Was tun die beiden?

    b Was sollte man in einer solchen Situation beachten?

    c Wie überzeugt man eine andere Person am besten von seiner Meinung?

__2__ Unterstreichen Sie in der Aussage unten typische Redemittel.

    Schreiben Sie diese dann in die rechte Spalte.

PRO Pro und kontra Schuluniform	Redemittel
<u>Es geht hier um die Frage</u>, ob uns eine Schuluniform Vorteile bringt.	*Es geht hier um die Frage, ...*
Ich würde dazu gern etwas sagen.	
Also, ich bin absolut für die Schuluniform. In vielen Ländern der Welt hat man gute Erfahrungen damit gemacht.	
Die Situation ist doch heutzutage so: Schon die Kinder legen meiner Ansicht nach zu viel Wert auf ihre Kleidung.	
Dazu kommt ein weiteres Problem: Eltern müssen für die Kleidung ihrer Kinder sehr tief in die Tasche greifen.	
Für manche ist das finanziell unmöglich. In der Zeitung liest man bereits von brutalen Überfällen, bei denen Jugendliche sich gegenseitig wertvolle Lederjacken wegnehmen.	
Ich bin der Meinung, das muss endlich aufhören.	
Die Schuluniform hat in dieser Situation Vorteile für beide Seiten.	
Eltern müssen nur einmal für die Uniform bezahlen. Das kostet weniger als viele teure Jeans, Jacken und so weiter.	
Der Vorteil für die Schüler: Es gibt weniger Konflikte.	

AB 49 | 5

__3__ **KONTRA** Erarbeiten Sie zu zweit die Kontra-Position.

Suchen Sie ein oder zwei Punkte, die gegen Schuluniformen sprechen. Geben Sie ein Beispiel. Verwenden Sie dazu die Redemittel in der rechten Spalte. Beginnen Sie etwa so:

Also, Ihre Ausführungen waren ja sehr interessant. Allerdings haben Sie mich nicht ganz überzeugt. Ich bin absolut nicht der Meinung, dass wir unsere Probleme mit der Schuluniform lösen. ...

__4__ Podiumsdiskussion

Inszenieren Sie in der Klasse ein Streitgespräch mit folgenden Rollen:

- eine Moderatorin / ein Moderator
- eine Person für die Pro-Position
- eine Person für die Kontra-Position
- Unterstützer der Positionen aus dem Publikum

AB 50 | 6

LESEN 1

__1__ **Sehen Sie sich das Schaubild an.**

Was ist hier dargestellt? Zu welchem der Begriffe wissen Sie etwas?

__2__ **Vergleichen Sie mit der Schule in Ihrem Heimatland.**

In Deutschland beginnen die Kinder die Schule mit sechs Jahren. Bei uns ...
Die Grundschule dauert vier Jahre. Bei uns ...
In verschiedenen deutschen Bundesländern gehen die Kinder nur vier Jahre gemeinsam in dieselbe Schule. Bei uns ...
In einigen Bundesländern muss man schon im Alter von zehn Jahren darüber nachdenken, ob ein Kind später zur Universität gehen soll. Bei uns ...

__3__ **Lesen Sie nun einen Text des bayerischen Unterrichtsministeriums.**

Welcher Absatz gehört zu welchem Teil des Schaubildes?

4

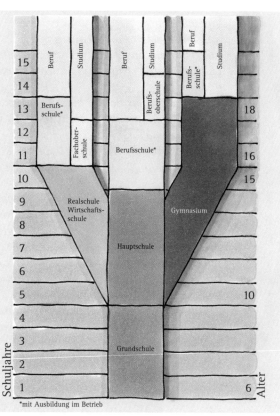

SCHULLAUFBAHNEN

Der Vielfalt menschlicher Begabungen entspricht eine Vielfalt möglicher Bildungswege.

Der mittlere, zentrale Weg führt von der Grundschule über die Hauptschule in die Berufsausbildung. Wer die Dinge lieber praktisch
5 angeht, wer sich mit Sachverhalten lieber konkret als abstrakt auseinandersetzt, für den ist die Hauptschule die richtige Schule. Die Hauptschule führt auf dem kürzesten Weg zur Berufsausbildung.

Die Realschule und die Wirtschaftsschule bieten Schülern mit theoretischer und praktischer Begabung eine Alternative zum Weg über
10 die Hauptschule in die Berufsausbildung. Mit dem Abschlusszeugnis einer Realschule oder einer Wirtschaftsschule können die Schüler eine Berufsausbildung aufnehmen oder in die Fachoberschule eintreten.

Der Übergang von der Grundschule auf das Gymnasium stellt eine
15 weitere Alternative dar, und zwar für den Fall, dass das Abitur und damit ein späteres Universitätsstudium angestrebt wird. Zu den Eigenschaften eines künftigen Gymnasiasten sollten vor allem die Fähigkeit und die Bereitschaft zur Auseinandersetzung mit theoretischen Problemstellungen gehören. Zwar treten heute nicht wenige
20 Menschen nach dem Abitur unmittelbar in das Berufsleben über, die Hauptziele des Gymnasiums sind aber der Erwerb der allgemeinen Hochschulreife und ein anschließendes Studium.

__4__ **Besonderheiten der drei Wege**

Ergänzen Sie die wesentlichen Informationen.

Schultyp	am besten für Schüler	führt zu
Hauptschule	*mit praktischer Begabung*	
Realschule/Wirtschaftsschule		
Gymnasium		

__5__ **Interpretation**

a Welcher Schultyp würde am besten zu Ihnen passen? Warum?

b Mit welchem Schulabschluss haben Schüler wohl die besten Chancen im Leben?

AB 51 7–9

__1__ Woher stammt der folgende Text wohl?

☐ aus einem Roman ☐ aus einer Tageszeitung oder Zeitschrift
☐ aus einem Tagebuch ☐ aus einer Informationsbroschüre

Woran erkennen Sie das?

__2__ Assoziationen und Vermutungen

Was fällt Ihnen spontan zum Titel des Textes ein?
Wovon handelt der Text wohl?

__3__ Lesen Sie den Text und unterstreichen Sie Schlüsselwörter.

Klassenkampf

Drei Grundschuljahre lang sind in Bayern alle Kinder gleich.
Auch noch im vierten. Aber dann wird sortiert.

Meistens lässt sich nicht so einfach sagen, warum ein Leben in die eine oder andere Richtung gelaufen ist. Aber manchmal, zum Beispiel bei meinen Freunden Jürgen und Max, kann man dies doch ganz gut festmachen, sogar ziemlich genau an diesem
5 heißen Freitag im Juli vor 15 Jahren. Die beiden waren Schulkameraden von mir, richtige Freunde. An diesem Freitag standen wir das letzte Mal zu dritt in einem Pausenhof irgendwo im Süden Münchens, und als jeder schließlich nach Hause ging mit seinem Zeugnis, dachte sicher keiner an eine ewige Tren-
10 nung. Es war ja im Grunde alles wie vor jeden Sommerferien: Drei sehr mittelmäßige Schüler haben wieder ein Jahr hinter sich gebracht, diesmal allerdings die vierte Grundschulklasse.

Jürgen und Max kamen beide aus sogenannten einfachen Verhältnissen. Unser Klassenlehrer fand, dass sie nicht auf das
15 Gymnasium, sondern lieber auf die Hauptschule gehen sollten. Ihr Notendurchschnitt reichte zwar gerade noch, aber insgesamt seien sie zu wenig lernbereit und zu unreif. Die Mutter von Jürgen ging daraufhin zu dem Lehrer in die Sprechstunde und teilte ihm mit, ihr Sohn werde natürlich aufs Gymnasium
20 gehen, „und zwar komme, was wolle". Der Vater von Max, ein Landwirt, sprach auch mit dem Lehrer. Er war sehr einverstanden mit der Hauptschule, sein Sohn sollte was Richtiges lernen, eine Lehre machen und später dann auf dem Hof mitarbeiten.

So also trennten sich die Wege. In immer größeren Jahresab- 25
ständen habe ich Max noch manchmal getroffen. Er machte den Hauptschulabschluss, eine Schreinerlehre, die er aber nach einem Unfall, bei dem er mehrere Finger verlor, abbrechen musste. Später kamen andere Versuche hinzu, als Verkäufer und als Maler. Es war immer nett, wenn wir uns sahen. Max 30 ist ein lustiger Typ. Bislang wenigstens haben ihn seine Misserfolge nicht aus der Bahn geworfen. Doch nach einer Zeit, so etwa nach einer Stunde, wurden unsere Gespräche immer ein wenig schwierig, wenn er sich nach meinem Leben erkundigte: Studium (abgebrochen, wie ich betonte), Journalistenschule … 35
Er hatte plötzlich einen anderen Blick, wenn er dann sagte: „Ja, dein Leben, das ist halt was ganz anderes." Und nie vergaß er nachzufragen, wie es dem Jürgen so geht. Studium, abgebrochen, anderes Studium, auch abgebrochen, sagte ich, dann eine Schauspielschule, längere Zeit in Paris … Ich weiß noch, 40
dass ich mich einmal ziemlich schlecht fühlte, als ich die Erzählungen über Jürgen mit den ziemlich unpassenden Worten beendet hatte: „Besonders glücklich ist der aber auch nicht."

Der letzte Freitag, die große Wendemarke – bis dahin sind alle Kinder gleich, dann wird sortiert. Es gibt Tausende solcher 45
Geschichten wie die meiner Freunde, nur werden sie von Jahr zu Jahr härter.

Stephan Lebert

4 Suchen Sie im Text Informationen über die drei Schüler.

Informationen über	Jürgen	Max	Stephan
a Familie/Eltern	aus einfachen Verhältnissen	auch	?
b Warum ins Gymnasium?			
c Warum in die Hauptschule?			
d Schulabschluss			
e Tätigkeiten nach der Schule			

LESEN 2

5 **Erklären Sie, was der Autor mit den folgenden Sätzen meint.**

a „Jürgen und Max kamen beide aus sogenannten einfachen Verhältnissen." (Zeile 13/14)

b „Besonders glücklich ist der aber auch nicht." (Zeile 43)

c „Es gibt Tausende solcher Geschichten, nur werden sie von Jahr zu Jahr härter." (Zeile 45–47)

6 **Der Titel des Textes – Klassenkampf – ist ein Wortspiel.**
Worauf spielt dieser Titel an?

`AB 52` 10

GR 7 **Gegenwart – Vergangenheit**

GR S. 56/1

Untersuchen Sie das Zeitensystem des Textes. Bilden Sie dazu vier Gruppen und sammeln Sie die Verben. Gruppe 1 sucht alle Sätze im Präsens, Gruppe 2 alle Sätze im Präteritum, Gruppe 3 alle Sätze im Perfekt, Gruppe 4 alle Sätze im Plusquamperfekt.

GR 8 **Vergangenheitsformen**

Welche der Verben aus Aufgabe 7 verändern in der Vergangenheitsform den Vokal im Wortstamm, sind also unregelmäßig, welche verändern den Wortstamm nicht, sind also regelmäßig? Sortieren und ergänzen Sie:

unregelmäßige Verben			regelmäßige Verben			Mischformen		
lassen	ließ	gelassen	reichen	reichte	gereicht	können	konnte	gekonnt

`AB 53` 11

GR 9 **Gebrauch der Zeiten: Präteritum – Perfekt – Plusquamperfekt**

Plusquamperfekt	Präteritum	Perfekt
Ich hatte eine Erzählung mit den Worten beendet ...	Ich fühlte mich ziemlich schlecht.	In immer größeren Abständen habe ich Max getroffen.

a Welche Form drückt aus, dass etwas innerhalb der Vergangenheit zeitlich noch weiter zurückliegt?

b Welche Zeitform wird meistens in der gesprochenen Alltagssprache verwendet?

c Welche Zeitform wird hauptsächlich bei Grundverben (*haben*, *sein*), Modalverben und in der geschriebenen Sprache (z.B. in Erzählungen, Berichten usw.) verwendet?

`AB 53` 12–14

GR 10 **Perfekt mit *haben* und *sein***

a Suchen Sie im Lesetext alle Verben, die das Perfekt mit *sein* bilden.
Beispiel: *er ist geblieben*

b Regeln: Welche Verben verwenden *haben*, welche *sein*?

Das Verb	haben	sein
■ drückt eine Ortsveränderung aus, z.B. *fahren, kommen, gehen*		X
■ hat eine Akkusativergänzung, z.B. *kaufen, tanzen*		
■ drückt eine Zustandsänderung aus, z.B. *aufwachen, sterben*		
■ ist reflexiv, z.B. *sich fühlen, sich entscheiden*		
■ *bleiben* und *sein*		

`AB 55` 15–16

52

SCHREIBEN

1 Lesen Sie den Brief einer deutschen Brieffreundin.

> Frankfurt, 10. Februar 20..
>
> Liebe Lisa,
>
> vielen Dank für Deine tolle Karte. Endlich lässt Du mal wieder was von Dir hören. Und wie es scheint, geht es Dir ja echt gut.
>
> Das kann ich von mir leider nicht sagen. Gestern habe ich die zweite Physikarbeit zurückbekommen – wieder eine Fünf. Also ich weiß wirklich nicht, was ich machen soll. Physik ist einfach der Horror. Warum soll bloß jeder Mensch verstehen, was sich Newton und die alle ausgedacht haben?
>
> Das Schlimmste ist, mein Lehrer gibt mir keine Chance, von den schlechten Noten runterzukommen. Die schlechten Schüler lässt der Typ einfach links liegen. Wenn ich in den nächsten beiden Arbeiten nicht wenigstens eine Vier und eine Drei schreibe, dann sieht es für mein Zeugnis am Jahresende düster aus. Denn in Mathe stehe ich ja sowieso schon schlecht.
>
> Du siehst also, Stress, Stress, Stress. Und dann noch fünf Wochen bis zu den Osterferien. Wie soll ich das nur aushalten?
>
> Hast Du nicht Lust, mich mal etwas abzulenken? Meine Eltern hätten sicher auch nichts dagegen, wenn Du uns besuchst. Also, überleg es Dir. Und schreib bald!!!!!
>
> Liebe Grüße,
>
> Deine Lena

2 Analyse

Was fällt Ihnen an dem Brief auf? Untersuchen Sie:

a Wer schreibt an wen?

b Welche Anrede und welcher Gruß werden verwendet?

c Was fällt Ihnen an der Sprache der Briefschreiberin auf?

3 Beantworten Sie den Brief.

a Zeigen Sie Verständnis für Lenas Situation.

b Erzählen Sie etwas von eigenen Erfahrungen in der Schule.

c Geben Sie Lena einen Rat. Wählen Sie aus den folgenden Sätzen einige für Ihren Brief aus.

Das tut mir aber leid, dass …	Ich habe ähnliche Erfahrungen gemacht, als ich …	Wenn ich an Deiner Stelle wäre, würde ich …
Dass es Dir nicht so gut geht, finde ich schade.	Also, bei mir war das so: …	Ich denke, Du solltest mal …
Dein Problem mit dem Lehrer verstehe ich gut.	Als ich in der … Klasse war, ging es mir einmal ähnlich.	Ich würde …
Deine Schulprobleme finde ich schlimm / weniger schön / …	Also, meine Erfahrungen mit Lehrern sind …	Ich gebe Dir einen guten Rat: …
		Ich empfehle Dir, …

AB 56 17

4 Korrekturlesen

Tauschen Sie Ihren Brief mit Ihrer Lernpartnerin / Ihrem Lernpartner aus und kontrollieren Sie den Text.

LESEN 3

_1_ Erklären Sie, was mit diesen Wörtern gemeint ist.

sitzen bleiben　　**eine Ehrenrunde drehen**

kleben bleiben　　**nicht versetzt werden**

durchfallen

_2_ Lesen Sie, was der Schriftsteller Peter Weiss (1916–1982) zu diesem Thema schreibt.

Welche Situation wird hier beschrieben?

Ich kam mit dem Schulzeugnis nach Hause, in dem ein schrecklicher Satz zu lesen war, ein Satz, vor dem mein ganzes Dasein zer-
5 brechen wollte. Ich ging mit diesem Satz große Umwege, wagte mich nicht mit ihm nach Hause, sah immer wieder nach, ob der nicht plötzlich verschwunden war,
10 doch er stand immer da, klar und deutlich. Als ich schließlich doch nach Hause kam, weil ich nicht die Kühnheit hatte, mich als Schiffsjunge nach Amerika anheuern zu
15 lassen, saß bei meinen Eltern Fritz W. „Was machst du denn für ein betrübtes Gesicht", rief er mir zu. „Ist es ein schlechtes Zeugnis?" fragte meine Mutter besorgt, und
20 mein Vater blickte mich an, als sehe er alles Unheil der Welt hinter mir aufgetürmt. Ich reichte das Zeugnis meiner Mutter hin, aber Fritz riß es mir aus der Hand und
25 las es schon und brach in schallendes Gelächter aus. „Nicht versetzt", rief er, und schlug sich mit seiner kräftigen Hand auf die Schenkel. „Nicht versetzt", rief er
30 noch einmal, während meine Eltern abwechselnd ihn und mich verstört anstarrten, und zog mich zu sich heran und schlug mir auf die Schultern. „Nicht versetzt, ge-
35 nau wie ich", rief er, „ich bin viermal sitzengeblieben, alle begabten Männer sind in der Schule sitzengeblieben." Damit war die Todesangst zerstäubt, alle Gefahr war
40 vergangen. Aus den verwirrten Gesichtern meiner Eltern konnte sich keine Wut mehr hervorarbeiten, sie konnten mir nichts mehr vorwerfen, da ja Fritz W., dieser
45 tüchtige und erfolgreiche Mann, alle Schuld von mir genommen hatte und mich dazu noch besonderer Ehrung für würdig hielt.

_3_ Steht das im Text?

		ja	nein
Die Situation			
a Der Junge muss das Schuljahr wiederholen.		☐	☐
b Auf dem Heimweg ging das Zeugnis plötzlich verloren.		☐	☐
c Der Junge hat Angst, nach Hause zu gehen.		☐	☐
Die Reaktionen			
d Der Vater hätte seinen Sohn am liebsten geschlagen.		☐	☐
e Fritz W. ist von dem Jungen nicht enttäuscht.		☐	☐
f Die Mutter wollte das Zeugnis gar nicht sehen.		☐	☐
Die Folgen			
g Der Junge wandert nach Amerika aus.		☐	☐
h Das schlechte Zeugnis war ein Unheil für die Familie.		☐	☐
i Das Schulzeugnis war besonders wichtig für sein späteres Leben.		☐	☐

_4_ Wie finden Sie die Reaktion von Fritz W.?

Warum? Begründen Sie Ihre Meinung.

GR _5_ Nicht trennbare Verben

GR S. 56/2

Unterstreichen Sie im Text alle Verben. Welche der Verben werden mit einer der folgenden Vorsilben gebildet, die **nicht** vom Verb abgetrennt werden können? Beispiel: *versetzt*

be-	ent-	ge-	ver-
emp-	er-	miss-	zer-

AB 57 18

GR **6** Bedeutung der Vorsilben *ver-* und *zer-*

Oft bezeichnen Verben mit der nicht trennbaren Vorsilbe *ver-*, dass etwas *verschwindet* oder *zugrunde geht*. Verben mit der nicht trennbaren Vorsilbe *zer-* haben oft die Bedeutung *kaputt machen* oder *zerstören*. Ergänzen Sie die Beispiele und klären Sie die Bedeutung.

hungern – *verhungern*	dursten –	gehen –
brechen – *zerbrechen*	reißen –	schlagen –

`AB 57` 19

GR **7** Trennbare Verben

Ergänzen Sie im Kasten unten Verben aus dem Text, deren Vorsilbe vom Verb getrennt werden kann.

an-	aus-	auf-	hervor-	nach-	vor-	zu-
anheuern	*ausbrechen*					

`AB 57` 20

GR **8** Wortstellung der trennbaren Vorsilben

ⓐ Suchen Sie je ein Beispiel aus dem Text für die Wortstellung der trennbaren Verben. Struktur 1, die sogenannte Satzklammer, gilt für Sätze im Präsens und im Präteritum. Struktur 2 gilt für Sätze im Perfekt und im Plusquamperfekt sowie für Sätze mit Modalverb und im Passiv.

	Position 1	Verb	Position 3, 4 ...	Endposition
Struktur 1	Ich	sah	immer wieder	nach.
Struktur 2	Ich	musste	immer wieder	nachsehen.

ⓑ Welche Struktur passt im Hauptsatz, welche im Nebensatz? Suchen Sie Beispiele im Text.

`AB 58` 21

9 Lesen Sie den Lexikonartikel über Peter Weiss.

ⓐ Was erfahren Sie über seine Familienverhältnisse?
ⓑ Wo hat Peter Weiss überall gelebt?
ⓒ Was erfahren Sie über seine Ausbildung und seinen Beruf?

Peter Weiss – *Schriftsteller und Grafiker*

1916	geboren in Nowawes bei Potsdam als Sohn eines Textilfabrikanten und einer Schauspielerin; zusammen mit seinen Schwestern und Stiefbrüdern wächst er in Bremer und Berliner Villen der 20er-Jahre auf.
1934	Emigration der Familie nach London, weil der Vater Jude ist.
1936	Umzug nach Böhmen, weil der Vater in London geschäftlich nicht Fuß fassen kann. Aufnahme in die Prager Kunstakademie.
1938	Wegen des Einmarsches der deutschen Truppen in die Tschechoslowakei flieht die Familie nach Schweden.
1944	Heirat mit einer schwedischen Malerin; eine Tochter kommt zur Welt.
1945	Schwedische Staatsbürgerschaft.
1947	Als Reporter einer schwedischen Zeitung kommt er nach Deutschland; an eine Rückkehr für immer denkt er aber nicht. Ehescheidung.
1964	Durchbruch zu internationalem Erfolg mit dem Drama *Die Verfolgung und Ermordung Jean Paul Marats, dargestellt durch die Schauspieltruppe des Hospizes zu Charenton unter Anleitung des Herrn de Sade.* Uraufführung in Berlin.
1965	In *10 Arbeitspunkte eines Autors in der geteilten Welt* bekennt er sich zum Sozialismus.
1982	Er stirbt in Stockholm.

1 Vergangenheit

ÜG S. 78 ff.

a Formen der Verben

Verb	Infinitiv	Präteritum	Perfekt	Plusquamperfekt
regelmäßig	sagen	sagte	hat gesagt	hatte gesagt
unregelmäßig	sprechen	sprach	hat gesprochen	hatte gesprochen
Mischverb	denken	dachte	hat gedacht	hatte gedacht

Besonderheit bei Präteritum: *du arbeitetest, er arbeitete* (Verben, deren Stamm auf *-t, -d, -tm, -fn, -gn* usw. endet).

Mischverben sind: *denken, bringen, kennen, nennen, wissen* sowie die Modalverben *können, dürfen, müssen*.

b Vergangenheitsformen der regelmäßigen Verben

Person	Präteritum		Perfekt				Plusquamperfekt			
ich		-te	habe		bin		hatte		war	
du		-test	hast		bist		hattest		warst	
er/sie/es	sag	-te	hat	gesagt	ist	gewandert	hatte	gesagt	war	gewandert
wir		-ten	haben		sind		hatten		waren	
ihr		-tet	habt		seid		hattet		wart	
sie/Sie		-ten	haben		sind		hatten		waren	

c Vergangenheit der unregelmäßigen Verben

Person	Präteritum		Perfekt				Plusquamperfekt			
ich		–	habe		bin		hatte		war	
du		-(e)st	hast		bist		hattest		warst	
er/sie/es	stand	–	hat	gestanden	ist	gegangen	hatte	gestanden	war	gegangen
wir		-en	haben		sind		hatten		waren	
ihr		-et	habt		seid		hattet		wart	
sie/Sie		-en	haben		sind		hatten		waren	

d Funktion

Plusquamperfekt	Präteritum	Perfekt
Nachdem ich meine Erzählung beendet hatte,	*fühlte ich mich ziemlich schlecht.*	*Max ist ein lustiger Typ geblieben.*
Voraussetzung, Vorgeschichte	Schriftsprache – Vergangenes zusammenhängend erzählen; Grundverben, Modalverben	gesprochene Sprache, mündliche Erzählung – gefühlsmäßig nahe am Erleben

2 Verben mit trennbaren und nicht trennbaren Vorsilben

ÜG S. 106 ff.

a Vorsilbe betont – vom Verb trennbar

ab-	abbrechen	bei-	beibringen	hin-	hinschreiben	vor-	vorwerfen
an-	ansehen	ein-	einkaufen	los-	loslassen	weg-	weggehen
auf-	aufpassen	fest-	festmachen	mit-	mitteilen	zu-	zurufen
aus-	ausbrechen	her-	herkommen	nach-	nachsehen	zurück-	zurückkehren

b Vorsilbe unbetont – vom Verb nicht trennbar

be-	beenden	er-	erwarten	ver-	verstehen
emp-	empfinden	ge-	gefallen	zer-	zerbrechen
ent-	entschuldigen	miss-	missverstehen		

ESSEN UND TRINKEN

5

1 Beschreiben Sie, was Sie auf dem Bild sehen.

Auf dem Foto ist ... abgebildet.
Darauf stehen ...
Außerdem sehe ich auf dem Tisch ...

2 Mahlzeiten

a Um welche Mahlzeit handelt es sich hier?

Wahrscheinlich ist das ein ...
Es könnte sich aber auch um ein ... handeln.

b Wie viele Mahlzeiten nehmen Sie täglich zu sich?
Wann gibt es diese Mahlzeiten werktags und am Wochenende?

Ich frühstücke / Wir frühstücken meist um ...
Am Wochenende oder ... frühstücken wir oft (erst) um ...
Mittagessen gibt es ...
Zu Abend esse ich ...

c Was isst und trinkt man in Ihrer Heimat zu diesen Mahlzeiten?
Nennen und beschreiben Sie einige typische Speisen und Getränke.

Bei uns gibt es zum Frühstück meist ...
Das ist ... aus ...
Manche Leute essen aber auch ...
Zu Mittag isst man oft ...
Abends gibt es dann ...

HÖREN 1

1 Beschreiben Sie dieses Foto.

Wo wurde es wohl gemacht? Kennen Sie so ein Lokal?
Was kann man dort trinken und essen?

2 Hören Sie nun ein Interview.
CD 1|30–33

Es wurde in dem Lokal, das hier abgebildet ist, gemacht.
Hören Sie das Interview zunächst einmal ganz.
Welche Personen werden interviewt und welche Themen angesprochen?

Personen	Themen
Gast	Atmosphäre im Café, Getränke

3 Hören Sie das Interview noch einmal in vier Abschnitten.

Lösen Sie nach jedem Abschnitt die entsprechenden Aufgaben.

Abschnitt 1 Sind folgende Aussagen richtig oder falsch? Kreuzen Sie an.

CD 1|30

		richtig	falsch
a	Der weibliche Gast kommt oft ins Café *Ruffini*.	☐	☐
b	Das Café trägt seinen Namen nach einem italienischen Wein.	☐	☐
c	Im *Ruffini* gibt es neben Wein die verschiedensten Getränke.	☐	☐
d	Das *Ruffini* bestellt seine Weine direkt bei den Weinbauern.	☐	☐

Abschnitt 2 Antworten Sie in Stichworten.

CD 1|31

e Wer arbeitet in der Küche?
f Nennen Sie einige Gerichte auf der Speisekarte.
g Was kocht Paula am liebsten?

Abschnitt 3 Welche der drei Aussagen ist jeweils richtig? Kreuzen Sie an.

CD 1|32

h Die Köchin Paula
  ☐ wollte eigentlich Soziologie studieren, bekam jedoch keinen Studienplatz.
  ☐ hat ihr Soziologiestudium beendet, wollte aber nicht in dem Bereich arbeiten.
  ☐ findet die Arbeit in der Küche langweilig.

i Entscheidungen im Café *Ruffini*
  ☐ Keiner hat mehr zu sagen als die anderen, alle entscheiden gemeinsam.
  ☐ Es gibt einen Chef, dem man bei Teambesprechungen Vorschläge machen kann.
  ☐ Die Mitarbeiter haben Probleme, weil sie ohne Chef arbeiten müssen.

Abschnitt 4 Welche Stichworte passen? Kreuzen Sie an.

CD 1|33

Die beiden Gäste mögen am *Ruffini*:	☒ das alternative Publikum ☐ die Atmosphäre ☐ die Geschäftsleute ☐ die Yuppies ☐ die Nachmittagsstunden im Café ☐ die Hektik
Das *Ruffini* bietet außer Speisen und Getränken:	☐ Bilderausstellungen ☐ eine Bücherecke ☐ Lesungen von Schriftstellern ☐ Livemusik ☐ Weinproben ☐ Kabarett

58

_1_   Wer geht wohin?

Sehen Sie sich die Anzeigen unten an und entscheiden Sie, welche der folgenden Personen wohin geht. Nicht alle Personen finden ein passendes Lokal.

☐ Familie Wohlfahrt aus Hamburg ist zu Besuch in München und möchte gern Spezialitäten aus der Region probieren.

☐ Karla Rettich sucht ein Restaurant mit einer großen Auswahl an fleischlosen Speisen.

☐ Herr Dickinger hat mittags immer sehr großen Hunger und mag am liebsten italienische Küche.

☐ Daniel und Linda frühstücken am Wochenende am liebsten schon frühmorgens ausführlich und legen Wert auf eine große Auswahl an Brot und Gebäck.

☐ Frau Lindinger möchte mit Kollegen abends essen gehen und sucht etwas „Exotisches".

☐ Jens und Herbert möchten einmal in eine besondere Kneipe gehen, wo außer Essen und Trinken auch etwas Kultur geboten wird.

☐ Nach dem Discobesuch am Samstag um vier Uhr morgens haben Anne, Daniel und Susi noch Lust, eine Kleinigkeit zu essen und eventuell Livemusik zu hören.

AB 62   2

5

A

B

C

D

E

F

___1___ Welche typischen deutschen
Lebensmittel kennen Sie?

Welche davon essen Sie?
Welche nicht? Warum?

___2___ Sehen Sie das Foto an.

Welche dieser Spezialitäten
kennen Sie? Ordnen Sie die
Namen den Speisen zu.

Aachener Printen – Allgäuer
Emmentaler – Bayrisch Blockmalz
– Blutwurst – Brezn – Sauerkraut
– Dresdner Stollen – Gummi-
bärchen – Kieler Sprotten
– Kohlrouladen – Königsberger
Klopse – Leberknödelsuppe –
Pfälzer Leberwurst – Linsenein-
topf mit Speck – Münchner
Weißwürste – Nürnberger
Lebkuchen – Quarkspeise –
saure Gurken – süßer Senf –
Westfälischer Pumpernickel

___3___ **Aus welchen Gebieten Deutschlands kommen diese Lebensmittel?**

Suchen Sie im Lexikon oder Internet: Was gibt es in Aachen, Dresden,
Kiel, Nürnberg, München, Westfalen und der Pfalz noch an Spezialitäten zum Essen oder Trinken?

___4___ **Ordnen Sie die Speisen in Gruppen.**

a Welche Speisen passen zu diesen Gruppen? Ergänzen Sie anschließend Beispiele
aus ihrer Heimat.

Brot/Backwaren	Fleisch/Wurst	Fisch	Milchprodukte/ Käse	Süßigkeiten
Pumpernickel				

b Welche Speisen passen zu welchen Mahlzeiten?

Frühstück	Mittagessen	Zwischenmahl- zeit	Abendessen
Brezn			

___5___ **Geschmacksrichtungen**

Welche passt zu welcher Speise?
süß – sauer – salzig – bitter – scharf – fruchtig – würzig

1 Internationales Testessen

Lesen Sie die Texte und ergänzen Sie das Raster.

Familie/Person, Land	Das hat geschmeckt.	Das hat nicht geschmeckt.	Warum nicht?
Mboya, Kenia	Blutwurst	Leberspätzlesuppe	sieht nicht gut aus

Karen Bradley mit Freunden, Minnesota, USA

Dann machten wir „Brotzeit". Das Pumpernickel-Brot fanden einige bitter, die anderen wirklich lecker. Was wir alle richtig mochten, waren eure Kieler Sprotten. Noch besser als Sardinen. Beim Anblick der Blutwurst allerdings mussten wir uns fast übergeben. Keiner von uns konnte das probieren. Sehr ekelhaft. Eigentlich sollten wir ja auch die sauren Gurken zur Brotzeit essen, aber die habe ich alle allein gegessen, noch bevor meine Gäste kamen. Aber eure Weißwürste! Wir haben lange drüber diskutiert, wie man diese leichten weißen Würste wohl macht. Das Fleisch schmilzt ja fast im Mund. Der absolute Höhepunkt ist der süße Senf dazu. Wir waren schlicht begeistert. Den könnten wir auch pur essen. Nun zu den Süßigkeiten. Da hätte ich eine große Bitte: Ich würde gern eine ganze Kiste von diesem Bayrisch Blockmalz ordern! Unglaublich lecker und passt perfekt zum Wein!

Familie Mboya, Kenia

Von der Leberspätzlesuppe wurde mir fast schlecht. Mein fünf-jähriger Sohn, Maxim, hat sich halb totgelacht. „Die Deutschen essen Hühnerkotsuppe!" Die Blutwurst hat uns dagegen gut geschmeckt. Leider war sie nicht so frisch wie die Blutwurst, die mein Vater immer am Victoriasee selbst gekocht hat, ein echtes Festessen. Die Pfälzer Leberwurst mit ihren grünen, braunen, weißen Flecken sah aus, als wäre sie verschimmelt. Walter, mein Mann, probierte sie dennoch, er isst alles. Er sagte, es schmeckte wie ekliger roher Fisch, einfach widerlich. Fische wie eure Kieler Sprotten werden bei uns wieder in den See geworfen: Mit Gräten, Kopf und Schwanz stinken sie. Die Weißwürste sahen wie junge geschälte Bananen aus, ich dachte, das könnte was für Maxim sein. Aber als ich sie anfasste, merkte ich, hoppla, die fühlen sich aber sehr komisch an. Geschmeckt haben sie wie modrige Blätter aus dem Urwald! Die Nürnberger Rostbratwürste haben uns allen geschmeckt, was für ein Glück. Wie unsere Würste. Die Aachener Printen, wirklich ausgezeichnet. Ein bisschen hart vielleicht. Bayrisch Blockmalz, wieder ausgezeichnet. Diesen Geschmack kannten wir alle nicht. Solche Bonbons sollte es auch in Kenia geben!

Sajo Kumar, Kalkutta, Indien

Wir essen unsere Gerichte nicht mit Messer und Gabel oder Stäbchen, sondern mit unseren Händen – wir fühlen unser Essen also auch. Deshalb sollte Essen sich gut anfühlen. Und es sollte möglichst würzig und pikant schmecken. Insofern erlebten wir schon mal die erste Enttäuschung: Es waren keine scharfen Gerichte dabei. Zum Glück konnten wir sie nachwürzen. Die Weißwürste haben wir gegrillt. So schmecken sie noch viel besser, glauben Sie uns. Einiges aus eurem Korb hat uns wirklich gar nicht geschmeckt: Die kleinen Fische, diese Kieler Sprotten, rochen schlimm. Mit Sellerie oder Petersilienblättern wären sie vielleicht genießbar. Das Pumpernickelbrot war uns zu hart und hatte einen nichtssagenden Geschmack. Die Leberwurst haben wir nicht probiert, so etwas ist für einen Inder ungenießbar. Ach ja, unsere Kinder mochten das Blockmalz sehr gern, uns war es viel zu süß.

2 Test-Essen: Wie schmecken Ihnen deutsche Spezialitäten?

Bilden Sie Vierergruppen. Jedes Gruppenmitglied bringt eine Spezialität mit. In Gruppen werden sie probiert. Dann sagen alle, was geschmeckt hat, was nicht und warum. Vergleichen Sie auch mit dem Essen Ihrer Heimat.

> *Der/Die/Das ... hat uns gut/ausgezeichnet geschmeckt.*
> *Der/Die/Das ... hat eklig/widerlich geschmeckt / war ungenießbar.*
> *Der/Die/Das ... schmeckt genauso wie bei uns ...*
> *Der/Die/Das ... passt gut zu ...*
> *Von ... waren wir begeistert.*

AB 63 3–4

__1__ Worüber sollte eine gute Restaurantkritik Ihrer Meinung nach Auskunft geben?

Erstellen Sie zu zweit eine Liste mit sechs bis acht Punkten.

__2__ **Lesen Sie folgende Restaurantkritik.**

ⓐ Welche Ihrer Punkte sind darin berücksichtigt? Welche nicht?

ⓑ Setzen Sie jeweils eine der folgenden Überschriften über die Absätze von Zeile 43 bis 56.

⟨ Ambiente - ~~Adresse~~ - Besonderer Tipp - Service

STEINHEIL 16

Die einfache Fasssade des Hauses und die spartanische Einrichtung des Restaurants in der Steinheilstraße machen nicht den Eindruck, dass hier abwechslungsreiche, frische Küche geboten wird. Ein Blick auf die
5 Speisekarte weckt aber die Lust am Probieren.

Soll dies in Ruhe geschehen, dann muss man außerhalb der Mittagszeit kommen, denn ab 12 Uhr gehört das Lokal zum erweiterten Campus der TU (Technischen Universität). Zusammen mit Angestellten der
10 umliegenden Büros füllen Studenten das Lokal bis auf den letzten Platz.

Die Nähe zur TU allein würde diesen Ansturm nicht erklären. Vielmehr liegt es an einem „Schnitzel Wiener Art": Über den Tellerrand hängend und zum
15 konkurrenzlos niedrigen Preis verdient es das höchste Lob.

In jeder Hinsicht gute Noten verdient sich auch der Schweinebraten. Das Fleisch ist zart, die Soße dunkel und kräftig im Geschmack, die Kartoffelknödel sind
20 locker.

Leider machte die Entenbrust eine glatte Bauchlandung. Das Fleisch war zu lang und die darin servierten Pilze zu scharf gebraten; die Bohnen hatten schon lange keinen Biss mehr und waren gewürzt, wie man's von
25 Krankenhäusern kennt: überhaupt nicht. Das war jedoch der einzige Minuspunkt.

So waren die wunderbar saftigen, mit italienischen Kräutern gewürzten Hühnerkeulen ein Gedicht und harmonierten ausgezeichnet mit der fruchtigen Oran-
30 gensoße.

Das Fischfilet in Zitronenbutter war auf den Punkt gebraten und ließ geschmacklich keine Wünsche offen.

Für Vegetarier werden immer zwei bis drei Gerichte angeboten. Vom Besten waren die gebratenen Pilze auf Blattspinat mit knusprigen Bratkartoffeln. 35

Für Liebhaber von Süßem hat das Steinheil nur ein Dessert auf der Tageskarte, aber das ist von ausgesuchter Qualität! So waren die feinen Himbeerpfannkuchen mit Vanilleeis und das gemischte Eis mit frischen Beeren ein Genuss. Dazu eine Tasse des ausgezeichne- 40 ten Kaffees, und alle Ärgernisse des Tages sind vergessen.

Adresse

Steinheilstraße 16, 80333 München
Tel.: 52 74 88
täglich geöffnet von 10 bis 1 Uhr 45

Von Schafkopf spielenden Rentnern am Sonntagmittag bis zum Nachtschwärmer beim „Aufwärmen" am Samstagabend findet hier jeder seine Heimat. Die wechselnden Fotoausstellungen verleihen dem kargen Raum Szene-Charakter. 50

Wechselt sehr häufig und dementsprechend wechselhaft ist die Qualität.

Für alle, die sich nie daran gewöhnen, dass um 12 Uhr zu Mittag und um 19 Uhr zu Abend gegessen wird, ist die durchgehend warme Küche von 11.30 bis 23.30 55 von unschätzbarem Wert.

Eberhard Heins

3 Wie werden die Gerichte beurteilt?

Kreuzen Sie an und nennen Sie die entsprechenden Worte aus dem Text.

Gericht	sehr positiv	positiv	negativ	Textstelle
Schnitzel Wiener Art	X			zum konkurrenzlos niedrigen Preis; das höchste Lob
Schweinebraten				
Entenbrust				
Hühnerkeulen				
Fischfilet				
gebratene Pilze auf Blattspinat mit Bratkartoffeln				
Himbeerpfannkuchen mit Vanilleeis				
gemischtes Eis mit frischen Beeren				
Kaffee				

5

4 Würden Sie in dieses Restaurant gehen?

Begründen Sie Ihre Entscheidung.

5 Sprechen Sie über ein Restaurant, in dem Sie kürzlich waren.

a Überlegen Sie zuerst, zu welchen Punkten Sie gern etwas sagen möchten. Orientieren Sie sich dabei an Ihren Stichpunkten aus Aufgabe 1.
Beispiele:
- *Lage*
- *Einrichtung*
- *Speisekarte*

b Ordnen Sie Ihre Punkte nach positiven und negativen Kriterien.

c Erzählen Sie nun Ihrer Lernpartnerin / Ihrem Lernpartner von diesem Restaurant.

positive Einschätzung	*negative Kritik*
... liegt zentral, ist gut zu erreichen.	*... ist nur mit ... zu erreichen.*
... ist geschmackvoll dekoriert/eingerichtet.	*Die Einrichtung ist geschmacklos/...*
... hat vernünftige Preise.	*... konnte nicht überzeugen.*
... schmeckte recht ordentlich.	*... war das Geld nicht wert.*
Für den Preis konnte man nicht mehr erwarten.	*Von ... hätten wir mehr erwartet.*
	... ließ zu wünschen übrig.

sehr positive Einschätzung	*sehr negative Kritik*
... war einsame Spitze.	*... war viel zu teuer.*
... hat prima geschmeckt.	*... hat überhaupt nicht geschmeckt.*
... war ausgezeichnet.	*... war total langweilig/versalzen/ verkocht/...*
... hat sehr günstige Preise.	

AB 64 5–6

1   Ausgehen am Abend

Lesen Sie, was junge Leute dazu erzählen. Welche Aussage
spricht Sie am meisten an? Warum?

> *Wenn ich am Freitag- oder Samstagabend mit meinen
> Freunden ausgehe, treffen wir uns meistens so gegen zehn
> Uhr und ziehen dann von einer Bar zur nächsten. Wir
> trinken überall ein bis zwei Getränke im Stehen, reden
> und lachen viel, und dann geht's weiter in die nächste
> Kneipe bis vier oder fünf Uhr morgens.*
>
> **Rafael aus Spanien**

> *Meine Freundinnen und ich gehen samstags gern in
> ein schickes Bistro, wo wir etwas essen und trinken.
> Anschließend gehen wir in die Discothek, die gerade
> „in" ist. Dort tanzen wir viel und amüsieren uns oft
> köstlich über den Tanzstil mancher Leute. Meist gehen
> wir erst nach Hause, wenn die Disco schließt.*
>
> **Katarina aus Ungarn**

2   Wie verbringen Sie am liebsten einen Abend am Wochenende?

a) Unterhalten Sie sich zu dritt zu folgenden Punkten:

Treffzeitpunkt – Größe der Gruppe – Paare –
Ortswechsel – Uhrzeit/Heimweg

b) Nennen Sie zu jeder Lokalität einige Stichpunkte:

Kneipe – Restaurant – Café – Discothek – Bistro – Club – Bar

`AB 65` 7

3   Internet-Recherche

Sie wollen sich zu Ausgehmöglichkeiten am Kursort bzw. in einer inte-
ressanten Stadt im deutschsprachigen Raum informieren.

a) Geben Sie im Internet in die Suchmaschine www.google.de
den Namen der Stadt + *ausgehen* ein, z.B.: *Freiburg + ausgehen.*
Als Alternative können Sie sich auch in einem Stadtmagazin informieren
oder in der Touristeninformation erkundigen.

b) Suchen Sie eine informative Seite heraus und notieren Sie ansprechende
Lokale und Tipps. Formulieren Sie anschließend Kurzinformationen und
tragen Sie diese in der Klasse vor.
Beispiel: *In Freiburg gibt es viele Ausgehmöglichkeiten für junge Leute.
Man kann sich in der Studentenstadt z.B. im ... treffen. Dort gibt es
eine große Auswahl an ... und außerdem ...*

`AB 65` 8

4   Zu früh, zu spät oder gerade richtig?

Was meinen Sie?

Situation	zu früh	zu spät	gerade richtig
a) Ein Kollege möchte sich mit Ihnen um zwölf Uhr zum Mittagessen in einer Pizzeria verabreden.			
b) Um 23 Uhr klingelt plötzlich das Telefon. Eine Bekannte ruft an, um zu fragen, was Sie am Wochenende vorhaben.			
c) Sie wollen mit Freunden ausgehen und treffen sich um 21.30 Uhr in einem Restaurant.			
d) Eine Freundin fragt Sie, ob Sie mit ihr am kommenden Sonntag um halb zwölf in ein Café zum Frühstücken gehen.			
e) Die Eltern eines Freundes laden Sie am Freitag um 18 Uhr zum Abendessen ein.			
f) Sie treffen sich am Samstagabend mit einigen Freunden. Einer schlägt um 22 Uhr vor, nun in eine Diskothek zu gehen.			

LESEN 3

__1__   Feinschmeckertipps aus der Zeitschrift *essen und trinken*.

Lesen Sie die fünf kurzen Texte in der linken Spalte.
Ordnen Sie jeweils den zweiten Textteil rechts zu.

A	B	C	D	E
5				

SECHS STERNE AUF SEE

A Ein-Stern-Koch Josef Viehhauser (*Le Canard*, Hamburg) geht als Gastkoch an Bord des Fünf-Sterne-Kreuzfahrtschiffs *Hanseatic*. Während einer zwölftägigen Reise wird er auch Tipps und Tricks seiner Küche verraten und ein Seminar abhalten.

1 Gäste können sich ab sofort ein komplettes Programm für Essen, Trinken und Kultur „kaufen". Sie lassen es einfach gegen Vorausbezahlung auf eine Chip-Karte oder eine Swatch-Access-Uhr laden. Dann bezahlen sie im Restaurant, im Kaffeehaus und im Museum nur noch mit einer Bewegung des Handgelenks …

EIN KÄNNCHEN FÜR SICH ALLEIN

B Frühstück im Hotel – trotz üppiger Frühstücksbüfetts oft mehr Last als Lust. Der Kaffee wird nämlich immer häufiger aus großen Thermoskannen ausgeschenkt. Das Kaffeearoma bleibt dabei gewöhnlich auf der Strecke. Noch schlimmer ist der Teetrinker dran.

2 Gelingt es ihm, einem der Kellner seinen Wunsch nach Tee mitzuteilen, bekommt er meist einen Teebeutel. Glücklich der Gast, dessen Teebeutel mit kochendem Wasser aufgebrüht wurde, denn normalerweise erhält man einen Teebeutel neben einer Kanne mit lauwarmem Wasser. Glück hat der Teetrinker auch, wenn in seiner Teekanne vorher kein Kaffee war.

ALLES AUF EINE KARTE

C Im ehrwürdigen Salzburg hat die Zukunft schon begonnen.

3 Zwischen den Gängen präsentieren Mannequins Wintermode der deutsch-französischen Modedesignerin Annette Hardouin.

MENÜ MIT MODE

D Gelungene Kombination: Michael Betz, Küchenchef des Traditions-Hotels *Palmenwald* in Freudenstadt, serviert ein herbstliches Festmenü.

4 Dort serviert er für 14 Personen ein Menü, während der „Blaue Zug", angehängt an eine Dampflok, von Kassel nach Naumburg bummelt.

EDELMENÜ AUF SCHIENEN

E Eigentlich wollte Frank Holzhauer, Küchenchef eines Landgasthauses bei Kassel, den alten Waggon zu einem Gästezimmer umbauen. Doch dann beschloss er, ihn in ein rollendes Edelrestaurant zu verwandeln.

5 Die Reise geht von Kanada über Maine nach New York – zu Zielen also, die während des farbenreichen Indian Summer besonders attraktiv sind. Dass regionale Spezialitäten wie Maine-Lobster auf der Speisekarte stehen, versteht sich von selbst.

__2__   Welcher Tipp sagt Ihnen zu? Warum?

_GR_ __3__   Textgrammatik

GR S. 68/1

Suchen Sie in jedem Text die Wörter, die für den Zusammenhang der passenden Textteile sorgen.
Beispiel: Artikel A–5: *Während einer zwölftägigen Reise – Die Reise*

_GR_ __4__   Suchen Sie Beispiele in den Texten für folgende Begriffspaare.

Ein Begriffspaar passt jeweils zur „Schnittstelle" eines Textes.

a unbestimmter – bestimmter Artikel: *Während einer zwölftägigen Reise – Die Reise*
b Nomen – Umschreibung/Synonym: _____
c Nomen – temporales Adverb: _____
d Nomen – lokales Adverb: _____
e Nomen – Pronomen: _____

AB 66 9–10

<u>1</u> Was sehen Sie auf dem Foto?
Wann isst man das?

<u>2</u> „Wie kommt eigentlich das Salz auf die Salzstangen?"

CD 1|34–36

Hören Sie die „Sachgeschichte" aus der „Sendung mit
der Maus" zunächst einmal ganz und nummerieren Sie
die Bilder in der richtigen Reihenfolge.

  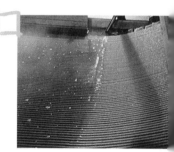

<u>3</u> Hören Sie die Geschichte nun in Abschnitten noch einmal und
beantworten Sie nach jedem Abschnitt die Fragen in Stichworten.

CD 1|34–36

		Frage	Antwort
Abschnitt 1	a	Woraus ist der Teig?	
	b	Wie entsteht die Form der Salzstangen?	
Abschnitt 2	c	Wie entsteht der Geschmack?	
	d	Wie kommt das Salz auf die Stangen?	
Abschnitt 3	e	Wie heiß werden Salzstangen gebacken?	
	f	Wie lange werden sie gebacken?	
	g	Wie viele Salzstangen werden hier stündlich produziert?	

<u>GR 4</u> Lesen Sie nun den gedruckten Text im Arbeitsbuch S. 67.

GR S. 68/2

a Unterstreichen Sie alle Verben im Passiv.

b Ordnen Sie die Verben in den Kasten ein.

Verbform	Textstelle
Passiv Präsens im Hauptsatz	*Der Teig **wird** in einer großen Maschine **gemixt**.*
Passiv Präsens im Nebensatz	
Passiv mit Modalverb im Hauptsatz	
Passiv mit Modalverb im Nebensatz	
Zustandspassiv	

AB 67 11–20

5

SCHREIBEN

1 Speisen und Getränke für eine Party

a Sie möchten eine Party mit einem kalten Büfett vorbereiten. Überlegen Sie zu zweit, was Sie Ihren Gästen anbieten wollen.

Speisen	Getränke
Hackfleischbällchen	Orangen-Cocktail
...	...

b Nennen Sie zunächst alle Zutaten und die Mengen, die man davon braucht. Verwenden Sie dazu die Wörter im Kasten.

Mengenangaben	
fest	flüssig
die Prise	der (halbe) Liter (l)
das Gramm (g)	der Tropfen
das Pfund	der Teelöffel (TL)
das Kilo (kg)	der Esslöffel (EL)
der Teelöffel (TL)	
der Esslöffel (EL)	

Beispiel: *1 Kilo Kartoffeln, 2 Esslöffel Öl, ...*

c Zubereitung
Ordnen Sie die folgenden Verben bzw. verbalen Ausdrücke den Zeichnungen zu. Die Ausdrücke können bei der Beschreibung der Zubereitung hilfreich sein.

im Ofen backen   schälen

vermischen, hineinrühren

würzen

auf kleiner Flamme kochen

in Würfel/Streifen/Scheiben schneiden

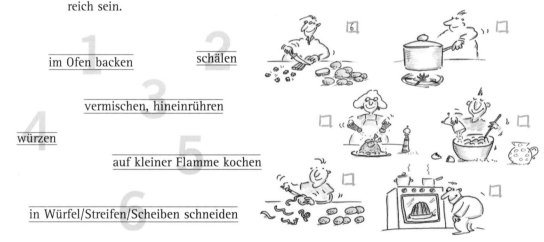

2 Schreiben Sie ein Rezept für eine Speise oder ein Mixgetränk.

a Orientieren Sie sich an folgender äußerer Form:

> Zutaten:
> Zubereitung:
> Zeichnung:

b Formulieren Sie die Sätze im Passiv.
Beispiel: *Die Kartoffeln werden in Würfel geschnitten.*

c Verbinden Sie die Sätze mit Wörtern wie *zuerst, dann, anschließend, gleichzeitig, am Schluss.*

d Lesen Sie Ihre Rezepte in der Klasse vor und besprechen Sie, welche Speisen Sie für Ihre Kursabschlussparty zubereiten könnten.

AB 72 21

1   Textgrammatik

Texte haben eine Struktur. Sie entsteht dadurch, dass die einzelnen
Sätze durch verschiedene Verknüpfungen wie durch Fäden zusammen-
gehalten werden. Die wichtigsten Verknüpfungen sind:

a	unbestimmter Artikel (neu) – bestimmter Artikel (bekannt)	*Während einer zwölftägigen Reise wird ein Kochseminar abgehalten. Die Reise geht von Kanada über Maine nach New York.*
b	Satzglied oder Satz – temporales Adverb	*Im ehrwürdigen Salzburg hat die Zukunft schon begonnen. Gäste können sich ab sofort ein komplettes Programm kaufen.*
c	Satzglied oder Satz – lokales Adverb	*Der Küchenchef Frank H. hat einen alten Eisenbahnwaggon in ein rollendes Edelrestaurant verwandelt. Dort serviert er für 14 Personen ein Menü.*
d	Nomen – Pronomen	*Noch schlimmer ist der Teetrinker dran. Gelingt es ihm, einem Kellner seinen Wunsch mitzuteilen, bekommt er meist einen Teebeutel.*
e	Nomen – Synonym bzw. Umschreibung	*Der Küchenchef serviert ein festliches Menü. Zwischen den Gängen präsentieren Mannequins Wintermode.*

2   Passiv

ÜG S. 110 ff.

a Das Vorgangspassiv bildet man aus einer Form des Verbs *werden* + Partizip II.

einfache Formen

Präsens	Präteritum	Perfekt	Plusquamperfekt
ich werde gefragt	ich wurde gefragt	ich bin gefragt worden	ich war gefragt worden

Formen mit Modalverb

Präsens	*Der Küchenchef muss vorher gefragt werden.*
Präteritum	*Der Küchenchef musste vorher gefragt werden.*
Perfekt	*Der Küchenchef hat vorher gefragt werden müssen.*

Stellung der Verben im Nebensatz

Präsens	*... , weil der Küchenchef vorher gefragt werden muss.*
Präteritum	*... , weil der Küchenchef vorher gefragt werden musste.*

b Zustandspassiv

ÜG S. 114

Das Zustandspassiv bildet man aus einer Form des Verbs *sein* + Partizip II.
Der Zustand ist das Resultat eines Vorgangs.

Präsens	Präteritum
Nach wenigen Minuten sind die Salzstangen knusprig gebacken.	Nach wenigen Minuten waren die Salzstangen knusprig gebacken.

Arbeitsbuch
Lektion 1–5

Verben

ausfallen *tomber*
ausfüllen *remplir*
faulenzen *fainéanter*
gründen *fonder*
* kichern *(ricaner ... ?)*
segeln *faire de la voile*
sich ausmalen *s'imaginer qqc*
sich ausruhen *se reposer*
sich bemühen um + *Akk.* *faire un effort / s'occuper de*
sich beschäftigen mit + *Dat.*
sich entspannen *se détendre / se rejouir de*
sich freuen auf/über + *Akk.*
sich trauen *oser*
untergehen *se coucher / couler*
verzichten auf + *Akk.* *renoncer à*
wagen *oser*
* zupacken *(attraper ?)*

Nomen

die Agentur für Arbeit *agence*
der Angestellte, -n *l'employé*
der Arbeitsaufwand *dépense*
der Arbeitslose, -n *chômeur*
die Arbeitszeit, -en *hrs de travail*
die Ausbildung *formation*
die Ausstellung, -en *exposition*
das Berufsleben

---

die Eigeninitiative, -n *propre*
die Einstellung, -en *pt de vue*
die Eröffnung, -en *ouverture*
die Freizeit *loisirs*
die Freizeitaktivität, -en
das Gefühl, -e *sentiment*
die Handarbeit, -en
der Lohn, ⸚e *salaire*
der Lohnausgleich *compensato*
die Mehrheit, -en *majorité*
die Minderheit, -en *minorité*
* der Ratschlag, ⸚e *conseil*
der Reichtum, ⸚er *richesse*
der Spaß an + *Dat.* *plaisir*
die Überstunde, -n *Hrs sup*
der Urlaub, -e
der Verstand *intelligence*
der Vertrag, ⸚e *contrat*
der Vorschlag, ⸚e *proposition*
die Zeiteinteilung *organisation*

Adjektive/Adverbien

* angepasst (un-)
anstrengend *fatiguant*
ausnahmsweise *exceptionnellement*
begeistert von + *Dat.* *enthousiasmé par*
beschäftigt mit/bei + *Dat.* *étudies de*
durchschnittlich *moyenne*

---

gemütlich (un-) *accueillant*
langfristig *à long terme*
reif für + *Akk.* *moment de*
selbstständig *indépendant*
träge *indolent*
* unschlagbar *le meilleur ... ?*
wöchentlich *hebdomadaire*

Ausdrücke *expressions*

alle viere von sich strecken *s'étirer*
* auf der faulen Haut liegen *ne rien faire*
✓ auf eigene Rechnung arbeiten
brüderlich teilen *partager entre frères*
* einen Vortrag halten
Energie haben
Forderungen stellen *demander des qqc*
im Internet surfen
im Ruhestand sein *à la retraite*
in Rente gehen *prendre sa retraite*
* jemandem auf die Sprünge helfen *aiguiller*
jemanden aus dem Gleichgewicht bringen
* jemandem geht etwas ab
Karten spielen
Rücksicht nehmen auf + *Akk.* *tenir compte de qqc*
rund um die Uhr arbeiten *24h/24h*
(das) Schlusslicht sein/bilden *être le dernier*
Zeit sparen *économiser*

---

1 Arbeit und Freizeit → *der* WORTSCHATZ

Finden Sie zu jedem Buchstaben der beiden Wörter *Arbeit* und *Freizeit* ein Wort aus dem Lernwortschatz.

A rbeitszeit
R eichtum
B erufsleben
E röffnung
In Rente gehen
T

F aulenzen
R eif für
E nergie haben
Im Ruhestand sein
Z eit sparen
sich E ntspannen
Im Internet surfen
T räge

2 Kurstagebuch

glauben *devoir*
Führen Sie ein Tagebuch. An jedem Tag sollte eine andere Kursteilnehmerin / ein anderer Kursteilnehmer den Eintrag schreiben.

Kurstagebuch

Verfasser(in): ....

Datum: ....

Was ich getan habe:

....
....
....

Der lustigste Fehler oder
die lustigste Situation:

....
....
....

Was mir Spaß gemacht hat:

....
....
....

Was für mich schwierig war:

....
....
....

Worüber ich mich geärgert habe:

....
....
....

zu Seite 9

3 Prioritäten im Kurs

a Wozu lernen Sie Deutsch?
Kreuzen Sie an, was auf Sie am meisten zutrifft.

Ich lerne Deutsch, weil
☐ ich es für meinen Beruf als .... brauche.
☐ es mir Spaß macht. Ich brauche es eigentlich nicht für den Beruf.
☐ ich es für die Schule / die Universität brauche.
☐ ich deutsche Freunde habe.
☒ ich in einem deutschsprachigen Land lebe / leben möchte.
☐ ....

b Wofür benötigen Sie Ihre Deutschkenntnisse?
Kreuzen Sie an, wann und wo Sie Deutsch hören, sprechen, lesen oder
schreiben.
Welche Kenntnisse oder Fertigkeiten sind für Sie besonders wichtig?

AB 8

LEKTION 1

zu Seite 10, 4

Sprechen

☐ telefonieren am Arbeitsplatz

☐ geschäftliche Verhandlungen führen

☐ Gespräche auf Reisen in einem deutschsprachigen Land

☒ Unterhaltung in alltäglichen Situationen

☐ ....

Hören und verstehen

☐ deutschsprachige Radiosendungen

☒ deutschsprachige Fernsehsendungen

☐ deutschsprachige Filme und Videos im Original

☐ geschäftliche Besprechungen / telefonieren
auf Deutsch

☐ Vorlesungen auf Deutsch

☐ ....

Schreiben

☐ private Briefe, E-Mails, z. B. an Freunde

☒ deutschsprachige Geschäftsbriefe, Faxe

☐ deutschsprachige Aufsätze / Seminararbeiten
für die Schule / Universität

☐ ....

Lesen und verstehen

☐ deutschsprachige Literatur

☒ deutschsprachige Zeitungen und Zeitschriften

☐ auf Deutsch verfasste Briefe von Freunden

☒ auf Deutsch verfasste Geschäftsbriefe

☐ ....

zu Seite 10, 4

__4__ Was bedeutet Arbeit für Sie? → WORTSCHATZ/SCHREIBEN

[handwritten: Vocabulaire (de)]

a Ordnen Sie nach der Wichtigkeit. (1 am wichtigsten, 10 am
wenigsten wichtig)

Gehalt – Zufriedenheit – Karrieremöglichkeit – Spaß/Vergnügen –
Ansehen/Prestige – Herausforderung – viel Freizeit / viel Urlaub –
Eigeninitiative – wenig Zeitaufwand – freie Zeiteinteilung

[handwritten notes:]
1 Zufriedenheit
2 freie Zeiteinteilung
3 Eigeninitiative
4 Spaß / Vergnügen
5 Herausforderung
6 Gehalt
7 Karrieremöglichkeit
8 wenig Zeitaufwand
9 viel Freizeit / Urlaub
10 Ansehen / Prestige

b Beschreiben Sie nun schriftlich, was für Sie persönlich Arbeit bedeutet.
Benutzen Sie folgende Redemittel.

An erster Stelle steht für mich ...
Viel Wert lege ich auf ... *[handwritten: attacher une grande importance]*
Nicht so wichtig ist ...
Überhaupt nicht wichtig ist ...

Beispiel: *An erster Stelle steht für mich das Gehalt. Ich möchte gern
viel Geld verdienen, weil ...*

zu Seite 13, 3

__5__ Lerntipps → WORTSCHATZ   *Lerntipp*

Wortfelder erarbeiten
Oft gibt es in einem Text viele Wörter zu einem bestimmten
Thema. Nutzen Sie diese Chance! Sie können Wortfelder zu einem
Thema erarbeiten und damit Ihren Wortschatz erweitern. Markieren
Sie alle Wörter aus einem Text, die zu einem Thema gehören.

LEKTION 1

a Unterstreichen Sie in Text 1 (Kursbuch, Seite 12) alle Wörter, die zum Wortfeld „Arbeit" gehören.
Beispiel:

In Deutschland gibt es einen Spruch: „<u>Selbstständig arbeiten</u> bedeutet: selbst arbeiten und ständig arbeiten." Das ist negativ gemeint, und ich finde, das sagt eine Menge über die ach so <u>fleißigen</u> Deutschen aus. Was <u>Eigeninitiative</u> betrifft, gehören wir nämlich zu den Schlusslichtern in Europa. (…)

b Schreiben Sie die Wörter aus dem Text in einen Wortigel.

arbeiten — **Arbeit** — *fleißig*
selbstständig / | \ *Eigeninitiative*

c Ergänzen Sie weitere Wörter aus den Texten 2 und 3 im Kursbuch auf Seite 12.

Lerntipp

Vokabelkartei
Neue Wörter – was macht man damit? Notieren Sie die neuen Vokabeln täglich in Ihre Vokabelkartei, damit Sie sie immer wiederholen können.

d Was schreibt man auf die Karteikärtchen?

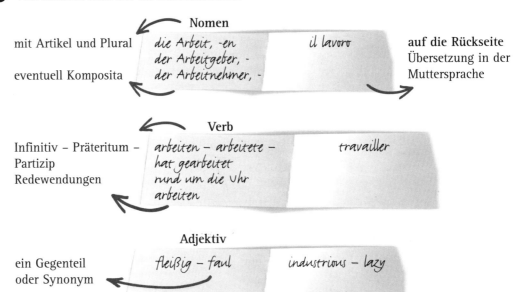

	Nomen		**auf die Rückseite**
mit Artikel und Plural	*die Arbeit, -en*	*il lavoro*	Übersetzung in der
eventuell Komposita	*der Arbeitgeber, -*		Muttersprache
	der Arbeitnehmer, -		

	Verb	
Infinitiv – Präteritum –	*arbeiten – arbeitete –*	*travailler*
Partizip	*hat gearbeitet*	
Redewendungen	*rund um die Uhr arbeiten*	

	Adjektiv	
ein Gegenteil	*fleißig – faul*	*industrious – lazy*
oder Synonym		

Schreiben Sie nun selbst Karteikärtchen zu einem Nomen, einem Verb und einem Adjektiv aus Aufgabe **b** (Wortigel).

Lerntipp

Sätze bilden
Lernen Sie die Wörter in einem Sinnzusammenhang. Bilden Sie mit jedem neuen Wort einen Satz. Das hilft Ihnen, die neuen Wörter im Kontext zu verstehen und besser zu behalten.

e Bilden Sie Sätze mit den neuen Wörtern aus Aufgabe **b** (Wortigel).
Beispiele: *Meine <u>Arbeit</u> macht mir keinen Spaß mehr.*
Ich würde später lieber <u>selbstständig arbeiten</u>.

LEKTION 1

zu Seite 13, 4

__6__ Pappa ante portas → LESEN

Lesen Sie die Inhaltsangabe und ergänzen Sie folgende Wörter.

Idyll – Firma – Rente – Alltag – Chaos – Familienleben
Ruhestand – Direktor – Hausmann

PAPPA ANTE PORTAS

Videotipp

Deutschland 1990/1991 *Regie, Buch:* Loriot

Pappa (60) ist ....*Direktor*............ in einer großen
.... Mit seiner Frau Renate (45)
und dem gemeinsamen Sohn Dieter (16) führt er ein
ganz normales .... Renate
beklagt sich zwar darüber, dass ihr Mann im Haushalt
zu wenig hilft, findet sich aber in ihrem sorglosen
.... gut zurecht. Auch für Sohn
Dieter ist es kein Problem, dass sein Vater nur selten zu
Hause ist. Dieses .... bricht jedoch unerwartet zusammen, als Pappa
vorzeitig in .... geht. Er verkündet freudig die Nachricht,
zukünftig seiner Frau als .... mit Rat und Tat zur Seite zu stehen.
Schon bald stellt sich jedoch heraus, dass ein „Manager im ...." doch
nicht das Wahre ist! Das .... ist perfekt. Ein Film, der mit viel Witz
und Ironie den Zuschauer zum Schmunzeln bringt.

1

zu Seite 13, 5

__7__ Formen des Konjunktivs II → GRAMMATIK

Setzen Sie die folgenden Verben in den Konjunktiv II.
Wählen Sie dabei eine gebräuchliche Form.

a Gegenwart

Indikativ	Konjunktiv II	Indikativ	Konjunktiv II
er kommt	er käme / würde kommen	wir treffen	wir würden treffen
ich esse	ich würde essen	er muss	er müsste
ihr braucht	ihr würdet brauchen	ich gehe	ich würde gehen
du weißt	du würdest wissen	du bringst	du würdest bringen
wir sollen	wir sollten	ihr könnt	ihr könntet
du darfst	du dürftest	sie lesen	sie würden lesen
sie geben	sie würden geben	ich schlafe	ich würde schlafen
ich bin	ich würde sein	sie erzählt	sie würde erzählen

b Vergangenheit

Indikativ	Konjunktiv II	Indikativ	Konjunktiv II
du hast gearbeitet	du hättest gearbeitet	ich wollte	ich hätte gewollt
ich spielte	ich hätte gespielt	ihr habt gesehen	ihr hättet gesehen
wir sind gefahren	wir wären gefahren	er hat gelesen	er hätte gelesen
ihr seid geblieben	ihr wärt geblieben	wir schrieben	wir hätten geschrieben
wir wussten	wir hätten gewusst	ich hatte	ich hätte
er kannte	er hätte gekannt	sie hatte gearbeitet	sie hätte gearbeitet
ich ging aus	ich wäre ausgegangen	er war gegangen	er wäre gegangen
sie hatte gesagt	sie hätte gesagt	ihr habt gemacht	ihr hättet gemacht

AB 11

LEKTION 1

zu Seite 13, 5

__8__ Irreale Möglichkeit → GRAMMATIK

Was würden Sie machen, wenn ...? Bilden Sie Sätze im Konjunktiv II.
Beispiel: im Lotto gewinnen
Wenn ich im Lotto gewinnen würde, würde ich mir Designer-Kleider kaufen.

a nicht mehr arbeiten müssen *arbeiten würde, würde...*
b drei Monate Urlaub machen *machen würde, würde*
c Deutschlehrer sein
d einen Film machen können
e mit Claudia Schiffer einen Abend verbringen *invite*
f eine berühmte Person in unseren Deutschkurs einladen können

zu Seite 13, 5

__9__ Spiel: Was würden Sie machen, wenn ...? → SPRECHEN   *Spiel*

Jede Kursteilnehmerin / jeder Kursteilnehmer schreibt drei Fragen auf ein Kärtchen, die mit „Was würden Sie machen, wenn ..." beginnen.

Beispiel: *Was würden Sie machen, wenn ein UFO vor Ihrer Tür landen würde?*

Die Kärtchen werden eingesammelt und neu verteilt.
Eine Kursteilnehmerin / ein Kursteilnehmer richtet die Frage auf dem Kärtchen an jemanden, der spontan antworten muss. Dieser stellt dann die Frage auf seinem Kärtchen.

zu Seite 13, 5

__10__ Konjunktiv II in der Vergangenheit → GRAMMATIK

Setzen Sie das Verb in den Konjunktiv II der Vergangenheit.

a Wenn ich gestern Zeit *gehabt hätte*, wäre ich zu deiner Geburtstagsparty gekommen. (haben)
b Wenn du in der Schule besser Deutsch *gelernt hättest*, dann hättest du gestern den deutschsprachigen Film besser verstanden. (lernen)
c Wenn ihr gestern nicht so spät *aufgestanden wärt*, hätten wir zusammen einen tollen Ausflug gemacht. (aufstehen)
d Wenn du deine Freundin wenigstens *angerufen hättest*, wäre sie jetzt nicht so sauer. (anrufen)
e Wenn du mich *gefragt hättest*, hätte ich dir helfen können. (fragen)

zu Seite 13, 5

__11__ Wie wäre das nicht passiert? → GRAMMATIK

a Bilden Sie Sätze.
Beispiel: Gestern habe ich einen Unfall gebaut. (besser aufpassen)
Wenn ich besser aufgepasst hätte, hätte ich keinen Unfall gebaut.

1 Ich habe Susanne gestern nicht mehr getroffen. (nicht zu spät kommen)
2 Oma hat Halsschmerzen. (nicht ohne Schal Motorrad fahren)
3 Gestern bin ich ganz nass geworden. (Regenschirm mitnehmen)
4 Ich habe die Prüfung leider nicht bestanden. (mehr lernen)
5 Gestern habe ich mir am Fuß wehgetan. (nicht so wild tanzen)
6 Gestern habe ich die Kassette von Silvias Hochzeit gelöscht. (nicht mit dem Videorekorder spielen)

b Erfinden Sie nun drei eigene Sätze mit dieser Struktur.

LEKTION 1

zu Seite 13, 6

12 Irreale Wünsche → GRAMMATIK

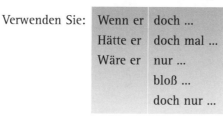

Frau Friedmann ist mit einem „Workaholic" verheiratet und unzufrieden mit ihrem Leben.
Formulieren Sie ihre Wünsche im Konjunktiv II (Gegenwart).

Verwenden Sie:

Wenn er	doch ...
Hätte er	doch mal ...
Wäre er	nur ...
	bloß ...
	doch nur ...

Beispiel: Sie klagt: „Mein Mann hat nie Zeit für mich!"
Sie wünscht sich: *„Wenn mein Mann doch nur mehr Zeit für mich hätte!"*
oder: *„Hätte mein Mann bloß mehr Zeit für mich!"*

a „Er ist immer müde und überarbeitet."
b „Er bleibt nächtelang im Büro."
c „Er hat seit Monaten nichts mehr mit Freunden unternommen." *treffen*
d „Er macht nichts mehr in seiner Freizeit. Er spielt nicht einmal mehr Golf."
e „Er nimmt sich kaum noch Zeit für seine Kinder."
f „Wir sind schon seit Langem nicht mehr ins Kino gegangen."
g „Ich bin immer allein zu Hause."
h „Wir reden kaum noch miteinander."

zu Seite 13, 6

13 Ein Traumjob → GRAMMATIK

Wie könnte der ideale Arbeitstag aussehen?
Schreiben Sie Sätze im Konjunktiv II.

Beispiele:
Beginn des Arbeitstags: *Ich würde erst um zehn Uhr aufstehen.*
Nach einem langen Frühstück würde ich mich mit dem Taxi ins Büro
fahren lassen. Alle Kollegen würden mich gut gelaunt begrüßen.
Arbeitsplatz: Mein Büro würde wie ein Dschungel aussehen. Ich würde
es mir erst einmal zwischen den Pflanzen gemütlich machen. ...

Beginn des Arbeitstags: ....

....

Arbeitsplatz: ....

....

Arbeitszeit: ....

....

Kollegen: ....

....

Arbeitsbedingungen: ....

....

Gehalt: ....

....

LEKTION 1

zu Seite 13, 7

14 Ratschläge geben → GRAMMATIK

Welche Ratschläge würden Sie einem „Workaholic" geben? Gebrauchen
Sie dabei den Konjunktiv II.
Beispiel: *An Ihrer Stelle würde ich keine Überstunden mehr machen!*

An Ihrer Stelle würde ich ...
Wenn ich Sie wäre ...
Ich denke, es wäre ...
Vielleicht sollten Sie ...
Ich würde ...
Sie könnten ...
Sie müssten mal ...

zu Seite 14, 3

15 Textpuzzle → LESEN

Bringen Sie die folgenden Textteile einer Kurzbiogra-
fie von Georg Kreisler in die richtige Reihenfolge.

5 | Er wurde populär mit makaber-zynischen,
hintergründigen Chansons (z.B. „Zwei alte
Tanten tanzen Tango", 1961),

4 | Nach seiner Rückkehr nach Wien arbeitete er
an Kabarettprogrammen (z.B. auch zusammen
mit G. Bronner und H. Qualtinger).

6 | die mit ungewöhnlichen Wortspielen und
Musikparodien Kritik an der bürgerlichen
Gesellschaft üben.

3 | wo er neben Arbeiten für Hollywood 1946-55 in New York als
Chansonnier auftrat.

1 | Kreisler wurde am 18.7.1922 in Wien geboren.

2 | Er studierte am Konservatorium der Stadt Wien und emigrierte
1938 in die USA,

zu Seite 15, 2

16 Höfliche Bitte → GRAMMATIK

Was sagt der Chef zu seiner Sekretärin?
Formulieren Sie die Sätze höflicher.
Beispiel: Arbeiten Sie bitte heute Abend länger!
    Würden Sie bitte heute Abend länger arbeiten?
    Könnten Sie bitte heute Abend länger arbeiten?
    Wären Sie so nett, heute Abend länger zu arbeiten?

(a) Bringen Sie mir bitte eine Tasse Kaffee!
(b) Machen Sie bitte das Fenster auf!
(c) Schicken Sie bitte das Fax gleich ab!
(d) Verschieben Sie bitte den Termin!
(e) Rufen Sie bitte das Reisebüro an und buchen Sie einen Flug nach Frankfurt!
(f) Reservieren Sie bitte einen Tisch für 20 Uhr!

zu Seite 15, 2

17 Redemittel → SPRECHEN

Ordnen Sie den folgenden Situationen die Dialoge zu.
Schreiben Sie dann die Dialoge fertig.

LEKTION 1

<table>
<tr>
<td>

a Sie möchten mit Ihrer Kollegin am Abend auf eine After-Work-Party. Ihre Kollegin kann nicht. Sie verstehen das und machen einen anderen Vorschlag

</td>
<td>

c Ein Kollege möchte in der Mittagspause mit Ihnen in die Kantine. Sie können nicht. Lehnen Sie höflich ab und geben Sie eine Begründung.

</td>
</tr>
<tr>
<td>

b Sie haben ein Problem. Bitten Sie einen Kollegen um ein Gespräch.

</td>
<td>

d Sie fahren in den Urlaub. Sie bitten Ihre Kollegin um einen Gefallen.

</td>
</tr>
</table>

> ... passt mir leider überhaupt nicht. – Ich muss unbedingt ... – ... verstehe ich. –
> ... könnten vielleicht ... – Ginge das? – Wärst du so nett ... –
> ... kann aber noch nicht definitiv ... – Worum geht es denn?

Situation 1:
- Du, Carlos, ich würde gern mal mit dir sprechen. Hättest du mal fünf Minuten Zeit?
- ▲ Ja, klar. ....
- Ich hab' mal wieder Probleme mit dem Computer. Kannst du mir helfen?

Situation 2:
- Und? Gehen wir essen?
- ▲ Das passt jetzt weniger gut. .... hier noch fertig werden.
- Kein Problem. Das .... Dann frage ich Susanne.

Situation 3:
- Du, hast du Lust, heute nach der Arbeit ins Lenbach zu gehen?
- ▲ Du, tut mir schrecklich leid. Heute Abend ....
- Kein Problem. Wir .... nächste Woche gehen.
- ▲ Gute Idee! Ich .... zusagen. Ich sag' dir dann Bescheid.

Situation 4:
- Du, Karla, ich bin doch nächste Woche zwei Wochen in Griechenland.
  .... und würdest meine Blumen gießen, wenn ich weg bin?
  ....
- ▲ Klar, überhaupt kein Problem.

zu Seite 17, 3

18 Immer wieder sonntags → **WORTSCHATZ**

Machen Sie Paraphrasen mit Formulierungen aus dem Text
auf Seite 16 im Kursbuch.
Beispiel: 18 Stunden Freizeit ohne Pause – *18 Stunden Freizeit am Stück*

> ~~brüderlich~~ – ~~reif sein für~~ – ~~ein Fremdwort sein~~ –
> ~~aus dem Gleichgewicht bringen~~ – ~~schleppen~~ – ~~unschlag~~bar

a „Kultur" *kennt* oder *mag* er *nicht*.
„Kultur" ...*ist*... für ihn ein *Fremdwort* .

b Auf diesem Gebiet ist er einfach *der Beste*.
Auf diesem Gebiet ist er einfach *unschlagbar* .

c Ich muss eine Diät machen.
Ich *bin reif für* eine Diät.

d Er hat mich *gegen meinen Willen* ins Café *mitgenommen*.
Er hat mich ins Café *schleppen* .

e Das hat mich ganz *verwirrt*.
Das hat mich *aus dem Gleichgewicht bringen* .

f Wir haben alles *fair* geteilt.
Wir haben alles *brüderlich* geteilt.

AB 15

LEKTION 1

zu Seite 17, 7

19 Finale Nebensätze → GRAMMATIK

Ergänzen Sie die Regel.
Finale Nebensätze drücken eine .... *Absicht* .... aus.
Wenn das Subjekt im .... *Haupt*-satz identisch mit dem Subjekt
im .... *Neben* .... -satz ist, dann kann man .... *um zu* ....
+ Infinitiv oder .... *damit* .... verwenden. Sind die Personen nicht
identisch, dann muss man die beiden Sätze mit .... *damit* .... verbinden.

zu Seite 17, 7

20 Finalsätze → GRAMMATIK

a Welche Sätze gehören zusammen? Ordnen Sie zu.

Wozu machst du so viele Überstunden?	mich weiterbilden
Warum gehst du in eine Kneipe?	besser Deutsch lernen
Warum bist du in Frankfurt?	einen Urlaub in Spanien buchen
Wozu brauchst du das Auto?	Kathrin vom Bahnhof abholen
Wozu gehst du ins Reisebüro?	fünf Kilo abnehmen
Wozu machst du eine Diät?	neue Leute kennenlernen
Warum liest du so viel?	fit bleiben
Warum treibst du so viel Sport?	Projekt beenden

b Bilden Sie Finalsätze.
Beispiel: *Ich mache so viele Überstunden, um das Projekt zu beenden.*

zu Seite 17, 7

21 *damit* oder *um ... zu*? → GRAMMATIK

Verbinden Sie die Sätze mit *damit* oder *um ... zu*.
Beispiel: Er möchte weniger arbeiten.
   Seine Familie hat dann mehr von ihm.
   Er möchte weniger arbeiten, damit seine Familie mehr von ihm hat.

a Sie geht für ein Jahr als Au-pair-Mädchen nach Deutschland.
Sie möchte die deutsche Kultur kennenlernen. *um ... zu / damit*
b Ich gehe heute früh ins Bett.
Ich möchte morgen früh fit sein. *um ... zu / damit*
c Ich hole ihn mit dem Auto von der Universität ab.
Dann muss er nicht zu Fuß gehen. *damit*
d Ich drehe das Radio leiser.
Ich möchte ihn nicht aufwecken. *um ... zu / damit*
e Er macht viele Überstunden.
Sein Chef gibt ihm vielleicht eine Gehaltserhöhung. *damit*
f Susanne hat mich angerufen.
Ich soll ihr morgen das Buch mitbringen. *damit*
g Sie jobbt viel in den Semesterferien.
Sie will Geld für eine Fernreise verdienen. *um ... zu / damit*
h Ihre Eltern geben ihr Geld.
Sie kann einen Sprachkurs besuchen. *damit*

Spiel

zu Seite 18, 2

22 Freizeitaktivitäten → WORTSCHATZ

Suchen Sie aus dem folgenden Text zwölf Freizeitaktivitäten heraus.

INSKONZERTGEHENCFLDOFUSSBALLSPIELENCLDKEIDJFMVKSICHMITFREUNDEN
TREFFENCKDJIELSCHWIMMENLODKIDIPLÖPOINDIEDISCOGEHENLESENSETZDENK
ODSINGENDSSAINEINEAUSSTELLUNGGEHENZUMFRAGZBADENGEHENGEHDER
RADFAHRENMILORITRADIOHÖRENDSFREIZEIDRSEGELNSLÖOTRTFGDAFEJVMDFJ

LEKTION 1

zu Seite 19, 3

23 Klassen–Brieffreundschaften → SCHREIBEN

Sie lesen folgende Kontaktanzeige in einer Jugendzeitschrift.

Wir, 19 Schüler zwischen 16 und 19 Jahren aus Japan, lernen seit
drei Jahren Deutsch und suchen Brieffreundschaften aus aller Welt.
Wir wollen wissen, wie andere Jugendliche in anderen Ländern leben.
Unsere Hobbys: Sport, Filme, Reisen, Partys und Musik.
Außerdem spielen wir Theater. Wir würden uns riesig freuen, wenn
Ihr uns schreibt. Wir antworten auf alle Briefe.

Deutschklub der Wasseda Universität, deutschklub@wasseda.ae.jp

Ergänzen Sie die Lücken in der folgenden Antwort-Mail.

deutschclub@wasseda.ae.jp			
Datei Bearbeiten Ansicht Gehe Nachricht Extras Hilfe			

Konten	Ansicht: Alle ▾	Betreff oder Absender enthält:	Neue Suche

♀ ⓪	Betreff	↩ Absender	⊘ Datum ▽ ▣
✉	Liebe Schüler	kurs_b@ers-sprachschule.de	04.07.2005

⊞ **Betreff:** Liebe Schüler   **Von:** kurs_b@ers-sprachschule.de

Liebe Schüler des .... Wasseda,

wir haben Eure .... gelesen und finden
es eine tolle Idee. Wir möchten auch gern andere Länder ....
.... Wir lernen Deutsch an der
ERS-Sprachschule in Dortmund. Wir sind 17 Schüler – alle zwischen 18 und
22 Jahre alt – und kommen aus .... :
aus Frankreich, aus der Schweiz, aus Italien und Spanien. Die meisten von uns
sind sehr .... : Wir fahren
Rad, gehen gern schwimmen, machen Bodybuilding. Manche von uns lesen
sehr viel, einige gehen gern ins Kino – Ihr seht also, wir haben viele
....

Vielleicht könntet Ihr uns .... oder Videos
schicken, damit wir Euch ein bisschen kennenlernen. Wir würden uns auch
.... , wenn Ihr uns schreibt, wie Euer Deutsch-
unterricht so ist. .... oder interessant? Was
macht Ihr so? Vielleicht könntet Ihr auch über Projekte in Eurem Unterricht
....

Wir warten auf Eure .... und freuen uns auf
Post von Euch!
Viel Spaß beim Deutschlernen wünschen Euch

die Schüler der ERS-Sprachschule, Kurs B

<u>24</u>   Lehrwerk-Quiz

Wie gut kennen Sie Ihren Lehrwerksband schon?
Blättern Sie Kurs- und Arbeitsbuch durch und beantworten Sie dabei
zu zweit die folgenden Fragen so schnell wie möglich. Wenn das erste
Paar „Halt!" ruft, beginnt die Auswertung. Für jede richtige Antwort
gibt es einen Punkt.

Frage	Antwort
Wo finde ich	
a Tipps zum richtigen Lernen?	
b wie das Thema der Lektion 4 heißt?	
c den gesamten Wortschatz zu einer Lektion?	
d die Grammatik in Übersichten dargestellt?	
Wie viele	
a Fertigkeiten trainiert jede Lektion?	
b Lesetexte enthalten die ersten drei Lektionen?	
c Projekte enthalten die Lektionen 1 bis 5?	
In welcher Lektion üben wir, auf Deutsch	
a eine Einladung zu schreiben?	
b zu telefonieren?	
c an einer Debatte teilzunehmen?	
In welcher Lektion lernen wir etwas	
a zur Textgrammatik?	
b zum Konjunktiv II?	
Wie sieht der Hinweis auf eine	
a Übung im Arbeitsbuch aus?	
b Übung zur Grammatik aus?	

LERNER-CD 1

1 Wortpaare *a – ä*

a Sie hören jetzt einige Wortpaare. Ergänzen Sie das zweite Wort des Paares.

a – ä	ä – a
war – *wäre*	Verträge – *Vertrag*
hatte –	Vorschläge –
kam –	täglich –
Rand –	Sätze –
gab –	Pläne –
Glas –	nämlich –
zahlen –	Länder –

b Sprechen Sie die Wortpaare.

LERNER-CD 2

2 Wortpaare *ä – e*

a Hören Sie die folgenden Wortpaare und sprechen Sie nach.

Väter	Vetter
Tränen	trennen
Täler	Teller
rächen	rechnen
nähte	nette
Gespräch	sprechen
Bäche	Becher
Fähre	Ferne
Präsident	Presse
wählen	Wetter

LERNER-CD 3

b Hören Sie die Sätze und setzen Sie die fehlenden Wörter ein.

- Es fließen ....*Tränen*............, wenn wir uns ....
- Wir wohnten in .... und aßen von ....
- Sie .... damit, dass er sich ....
- Der .... wurde von der ....gelobt.
- Wir fuhren mit der .... in die ....

LERNER-CD 4

3 *ä* oder *e*?

a Welches Wort hören Sie? Unterstreichen Sie das Wort, das Sie hören.

gähnen	gehen
Gäste	Geste
Bären	Beeren
Ähre	Ehre
ähnlich	ehrlich
klären	lehren
fällen	fehlen
wären	wehren
Schwäche	Schweden
Fäden	Federn

b Lesen Sie noch einmal die Beispiele aus Aufgabe 2 und Aufgabe 3a. Ergänzen Sie die Regel.

- *e* wird meistens wie *ä* gesprochen, wenn das *e* ......*kurz*........ ist.
- *e* wird meistens wie *e* gesprochen, wenn das *e* .... ist.

Lernkontrolle: Was haben Sie in diesem Kapitel gelernt?
Kreuzen Sie an.

Ich kann ...

Lesen	☐ ... kurzen Statements zum Thema *Arbeit und Freizeit* die Hauptinformationen entnehmen.
	☐ ... Ironie und Übertreibungen in einem Text zum Thema *Freizeitbeschäftigungen* erkennen.
Hören	☐ ... ein längeres Originalinterview zum Thema *Studium und Beruf* global und im Detail verstehen.
	☐ ... Ratschläge, die in einem Lied gegeben werden, verstehen und mitnotieren.
Schreiben – Produktion	☐ ... die wichtigsten Informationen aus einem gehörten Interview in einer Zusammenfassung wiedergeben.
Schreiben – Interaktion	☐ ... ein Antwortschreiben auf eine E-Mail verfassen, in dem ich auf Fragen zu meiner Person antworte.
Sprechen – Produktion	☐ ... mithilfe von Redemitteln und Bildern die Meinung einer Person zu Arbeit und Freizeitgestaltung wiedergeben.
Sprechen – Interaktion	☐ ... ein Gespräch am Arbeitsplatz simulieren und darin mit einer Kollegin / einem Kollegen oder einer/einem Vorgesetzten etwas aushandeln.
	☐ ... höfliche Bitten passend formulieren.
Wortschatz	☐ ... Wortschatz und feste Wendungen zum Thema *Arbeit, Freizeit und Vergnügen* sicher verwenden.
Grammatik	☐ ... die Formen des Konjunktivs II in Gegenwart und Vergangenheit benutzen.
	☐ ... irreale Bedingungen, Wünsche und Vergleiche sowie Ratschläge und höfliche Bitten formulieren.
	☐ ... Ziele und Absichten mithilfe von Finalsätzen ausdrücken.

Sprechen Sie mit Ihrer Kursleiterin / Ihrem Kursleiter über Tipps zum Weiterlernen.

Verben

betreuen *+ Akk.* *s'occuper de*
etwas erledigen *régler*
gehören zu + *Dat.* *faire partie de*
hassen *haïr*
heiraten
sich entscheiden für + *Akk.* *se décider pour*
sich konzentrieren auf + *Akk.*
sich kümmern um + *Akk.*
sich verlassen auf + *Akk.*
vereinbaren mit + *Dat.*
verheiratet sein mit + *Dat.*

Nomen

die Abhängigkeit von + *Dat.*
die Adoption, -en
die Autorität
die Beziehung zu + *Dat.* *Relation*
das Budget, -s
der Doppelname, -n
der Ehegatte, -n
der Ehename, -n
das Ehepaar, -e
die Eifersucht
das Einkommen, -
das Elternhaus
der Elternteil, -e
der Erwachsene, -n
die Erziehung
die Geburt, -en
der Geburtsname, -n

die Geschwister (Plural)
der Halbbruder, ¨
der Haushalt, -e
der Hort, -e
das Jugendamt, ¨er
die Karriere
der Kindergarten, ¨
die Konkurrenz
die Krippe, -n
die Lebensform, -en
das Misstrauen
der Mutterschutz
der Neid
die Perspektive, -n
die Qualifikation, -en
der Respekt
die Rücksicht
der Single, -s
die Solidarität
die Sorge, -n
die Stiefmutter, ¨
die Stiefschwester, -n
die Tagesbetreuung
die Tagesmutter, ¨
die Teilzeitarbeit
die Verantwortung
das Vertrauen
die Wohngemeinschaft, -en

Adjektive/Adverbien

abgekühlt

angenehm (un-)
ansprechend
berufstätig
distanziert
ehelich (nicht-)
ehrgeizig
eisig
erfolgreich
frostig
herzlich
innig
leiblich
leidenschaftlich
zielstrebig

Ausdrücke

aus dem Beruf aussteigen
eine Chance wahrnehmen
für jemanden durchs Feuer gehen
für jemanden viel/nichts
  empfinden
jemand geht mir auf die Nerven
jemand ist mir gleichgültig
jemanden gern haben
jemanden gut/nicht leiden können
jemanden nicht ausstehen können
schieflaufen
sich nichts aus jemandem machen
sich zu jemandem hingezogen
  fühlen
Verantwortung übernehmen

2

---

1   **Menschliche Beziehungen** → **WORTSCHATZ**

a Wie heißt das Nomen oder das Adjektiv? Ergänzen Sie.

Ehrgeiz	– ehrgeizig		....	– erfolgreich
Eifersucht	–		Respekt	– ....
....	– herzlich		....	– leidenschaftlich
Vertrauen	–		Sympathie	– ....
....	– frostig		....	– eisig
Neid	–		Rücksicht	– ....
Liebe	–			

b Ordnen Sie die Adjektive aus 1**a** in Gruppen und ergänzen Sie
wenn möglich das Gegenteil.

-lich	-ig	-isch	-voll	-reich
herzlich – kühl		*sympathisch – unsympathisch*		

zu Seite 22, 2

__2__   Lerntipp → HÖREN

Wie haben Sie dem Interview zugehört? Kreuzen Sie an, was auf Sie zutrifft.

☐ Ich habe mich auf jedes Wort konzentriert.
☐ Ich habe einfach so zugehört, ohne bestimmtes System.
☐ Ich habe mich auf die Themen, über die die Familie spricht,
   konzentriert.

Lerntipp

Globales Hören. Zuhören – aber wie?
Konzentrieren Sie sich beim Hören nicht auf das, was Sie nicht verstehen,
sondern auf das, was Sie verstehen. Lassen Sie sich nicht irritieren,
wenn Sie nicht jedes Wort verstehen. Versuchen Sie zunächst nur folgende
Fragen zu beantworten:

■ *Welche* Personen sprechen?
■ *Wo* und *wann* findet das Gespräch statt?
■ *Worüber* wird gesprochen?

Wenn Sie den Text ein zweites Mal hören, können Sie versuchen,
Einzelheiten zu verstehen.

zu Seite 22, 4

2

__3__   Hörtext: Transkription → LESEN

Lesen Sie den letzten Abschnitt des Interviews und ordnen Sie den
Fragen der Interviewerin die passenden Antworten der Kinder zu.

a Und in diesem Zimmer stehen zwei
Schreibtische. Clemens, wo arbeitest du
denn? Was ist denn dein Schreibtisch?

b Wie lange sitzt du denn an deinen
Schulaufgaben?

c Was, so wenig? Paula, wie lange
brauchst du für deine Hausaufgaben?

d Was macht ihr denn, wenn ihr fertig
seid mit den Hausaufgaben?

e Wann müsst ihr am Abend das Licht
ausmachen, wann müsst ihr ins Bett?

Manchmal länger. Das höchste war
eine Stunde.

Manchmal rufen wir Freunde an,
wenn sie da sind. Bücherei gehen,
rausgehen, Fußball spielen oder so
was. Wenn schönes Wetter ist. Im
Winter Schlitten fahren.

Links, der da.

Normalerweise um acht Uhr, aber
manchmal wird's auch neun. Ich
habe auch zweimal pro Woche Fuß-
balltraining, das ist ziemlich spät.
Da komm' ich erst um halb acht,
acht heim.

Mmm, das höchste war 20 Minuten.

zu Seite 22, 4

__4__   Eine ungewöhnliche Familie → LESEN

Familie Busse segelt seit 16 Jahren
mit 10 Kindern um die Welt

Mitten im Indischen Ozean. In der winzigen Koje¹ ihrer Segeljacht brachte Frau Busse ihr zehntes Kind zur Welt. Geburtshelfer waren der Vater und die größeren Geschwister. Laura ist schon das siebte Hochsee-Baby. Nur die drei Ältesten sind in Deutschland geboren.

LEKTION 2

Seit 16 Jahren segelt die Familie um die Welt. Karibik, Australien, Neuseeland. Ein Herzinfarkt war für den Vater der Grund, sein Leben radikal zu ändern. Er verkaufte sein Haus, seine Praxis, kaufte sich dafür ein Segelschiff und legte das Geld so an, dass die Familie von den Zinsen leben kann.

Frei wollten sie sein, als sie vor 16 Jahren ihr Abenteuer starteten. Seitdem bleiben sie, wo es ihnen gefällt. Der Traum von Freiheit und Unabhängigkeit ist Realität geworden. Einmal in dieser Zeit wollten sie sesshaft werden. Sie kauften ein Haus in Italien, aber nach zwei Jahren entschieden sich alle wieder für das Leben auf See.

Auf dem Schiff gibt es keinen Luxus. Das Leben ist einfach und bescheiden. Ein Leben auf unvorstellbar engem Raum. Zwei Kojen, zwei Bäder, eine Küche mit Essplatz. Aber dennoch herrscht Ordnung. Es scheint eine ganz „normale" Familie zu sein. Auch die Bildung kommt nicht zu kurz. Die Jacht wird jeden Tag zum Schulschiff. Die Eltern pauken mit den Kindern.

Aber ob das reicht, um sich auch gegen die Stürme des Lebens zu wappnen? Zwei der Kinder probieren es aus: Klaus (21) hat das Leben an Bord satt und studiert an der Uni in Salamanca, Spanien. Susanne (18) arbeitet als Au-pair-Mädchen in Frankreich. (...)

¹ Schlafstelle auf einem Boot

Was steht im Text?
Kreuzen Sie an, was richtig, was falsch ist.

	richtig	falsch
a Drei Kinder sind auf dem Schiff geboren.	☐	☐
b Der Vater hatte einen Herzinfarkt auf dem Schiff.	☐	☐
c Die Familie war in den letzten 16 Jahren nie lange Zeit an einem Ort.	☐	☐
d Das Schiff ist sehr groß, und es gibt viel Platz für jedes Kind.	☐	☐
e Das Leben an Bord ist chaotisch.	☐	☐
f Die Kinder lernen jeden Tag für die Schule.	☐	☐
g Zwei der Kinder wollen ein „normales" Leben ausprobieren.	☐	☐

zu Seite 22, 4

5 Fehlersuche → SCHREIBEN

Lesen Sie den folgenden Leserbrief zu dem Zeitungsartikel (Aufgabe 4). Kreuzen Sie an, ob die unterstrichenen Wörter richtig oder falsch sind.

Redaktion der Zeitschrift „Zürich"
Hauptstrasse 17
CH-8067 Zürich
Zürich, den 29. März 20..

Familie Busse – Ihr Artikel vom 21.03.20..

Sehr geehrte Damen und Herren,

ich habe Ihren Artikel <u>von</u> Familie Busse gelesen und war total begeistert.
Ich <u>finde</u>, das ist wirklich mutig von <u>die</u> Eltern, so zu leben.
Die Kinder lernen doch viel mehr fürs Leben, <u>als</u> sie auf einem Schiff leben.
Sie haben <u>die Chance</u>, viele Länder und Kulturen <u>zu kennen</u> und dadurch <u>toleranter</u> zu werden.
<u>Diese</u> Erlebnis von Freiheit und Unabhängigkeit ist doch eine vernünftige Alternative zu unserem tristen Alltag, der von Stress und <u>Hektik</u> geprägt ist. Wir müssen wieder lernen, die Natur zu erleben und zu respektieren.
Außerdem können sich die Kinder, wenn sie volljährig sind, selbst entscheiden, wie und wo sie leben <u>möchten</u>. Die Eltern zwingen sie <u>nichts</u>.
Also, ich finde das wirklich toll, und wenn ich das Geld <u>haben</u>, würde ich das auch machen.

Mit freundlichen Grüssen
Silke Ackermann

AB 23

LEKTION 2

zu Seite 23, 3

6 Adjektive → WORTSCHATZ

Ein Nomen passt nicht. Streichen Sie durch.

freundlich:	Gesicht	Farbe	Worte	Misstrauen
eisig:	Wind	Blick	Respekt	Schweigen
leidenschaftlich:	Lehrer	Film	Autorität	Single
herzlich:	Grüße	Brief	Familie	Haushalt
innig:	Karriere	Liebe	Freundschaft	Beziehung

zu Seite 23, 4

7 Emotionale Beziehungen → WORTSCHATZ

Ergänzen Sie jeweils das passende Nomen + Präposition.

Rücksicht auf – Spaß an – Eifersucht auf – Respekt vor –
Sorge um – Neid auf

a .... *Sorge um* .... ⟨ deine Gesundheit
  die Zukunft
  das Wohl der Familie

b .... ⟨ meinem Lehrer
  meinen Eltern
  meinem Chef

c .... ⟨ die Nichtraucher
  meine Großeltern
  meinen kranken Bruder

d .... ⟨ einen anderen Mann
  die kleine Schwester
  den beliebten Kollegen

e .... ⟨ sein tolles Haus
  seine gute Ehe
  ihren gut bezahlten Job

f .... ⟨ meiner Arbeit
  meinen Hobbys
  meiner Briefmarkensammlung

zu Seite 23, 4

Spiel

8 Spiel: Gefühle → WORTSCHATZ

Suchen Sie sich auf Seite 23 im Kursbuch ein Gefühl
bzw. ein Verb oder ein Adjektiv aus, das ein Gefühl ausdrückt. Stellen
Sie es pantomimisch dar. Die anderen raten, was Sie darstellen.

zu Seite 24, 2

9 Statistik → WORTSCHATZ/SCHREIBEN

Schreiben Sie einen kleinen Text zu der Grafik auf Seite 25 oben.
Benutzen Sie dazu die Mengenangaben wie auf Seite 24 im Kursbuch.
Beginnen Sie so: *In Deutschland leben die meisten Ehepaare,*
    nämlich 9,7 Millionen, ohne Kinder in einem Haushalt....

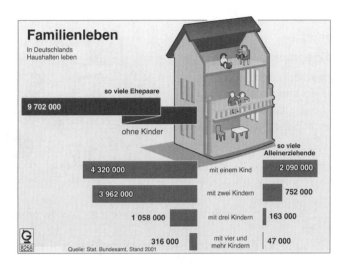

zu Seite 24, 3

10 Neue Lebensformen → **WORTSCHATZ**

a Beschreiben Sie die Zeichnung.

b Ordnen Sie die folgenden „neuen Lebensformen" den Bildern zu.

- ☑ Familie mit Hausmann
- ☐ Doppelverdiener-Familie
- ☐ Single
- ☐ alleinerziehende Mutter
- ☐ Patchwork-Familie
- ☐ Familie mit Tagesmutter
- ☐ Wochenend-Familie
- ☐ kinderlose Ehe oder Partnerschaft
- ☐ alleinerziehender Vater

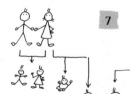

AB 25

LEKTION 2

zu Seite 25, 4

11   **Die liebe Familie!** → **SPRECHEN**

Ergänzen Sie die passenden Redemittel.

> ... musst du eigentlich immer ... –
> Ich finde es ... – Es kann schon sein ... –
> ... weißt doch ... – Du kannst doch ... –
> Versuch es ... – ehrlich gesagt ... –
> wir sollten ...

- ● Papa, ... (1) kann ich nicht verstehen, dass du immer vor
  dem Computer sitzt.
  .... (2) ziemlich unpassend, dass du nicht mal ein Buch liest.
  Warum .... (3) spielen?
- ▲ Tut mir leid. .... (4), dass du sauer bist, aber du .... (5),
  wie spannend das ist.
- ● .... (6) einmal dein Zimmer aufräumen.
  .... (7) doch mal.
  Außerdem finde ich, ... (8) mehr gemeinsam unternehmen.

zu Seite 25, 4

12   **Spiel: Ich bin sauer!** → **WORTSCHATZ**   *Spiel*

Arbeiten Sie zu dritt. Person 1 drückt Ärger aus. Person 2
reagiert spontan darauf. Person 3 macht einen Lösungsvorschlag.
Reagieren Sie schnell.

Beispiel:
Person 1: *Ehrlich gesagt, kann ich nicht verstehen, dass du immer zu spät kommst.*
Person 2: *Du weißt doch, dass mein Wecker kaputt ist.*
Person 3: *Kauf dir doch einen neuen.*

zu Seite 27, 4

13   **Modalverben: Formen** → **GRAMMATIK**

Ergänzen Sie die folgende Tabelle.

	müssen		können		dürfen		möchte(n)/wollen		sollen	
	Präsens	Präteritum	Präsens	Präteritum	Präsens	Präteritum	Präsens	Präteritum	Präsens	Präteritum
ich	muss									sollte
du							möchtest wîllst			
er/sie/es		musste								
wir			können							
ihr					dürft					
sie/Sie										

zu Seite 27, 4

14   **Modalverben** → **GRAMMATIK**

Ergänzen Sie das passende Modalverb im Präsens.

AB 26

ⓐ Ich habe heute Abend keine Zeit. Ich ....*muss*.......... für die Prüfung lernen.

ⓑ Am Freitag habe ich einen wichtigen Termin. Den .... ich nicht absagen.

ⓒ Sie ist so krank; sie .... zum Arzt gehen.

ⓓ Meine Kinder .... jeden Abend Monopoly spielen.

ⓔ Oh, ich habe vergessen, die Rechnung zu bezahlen. Das .... ich unbedingt morgen erledigen.

ⓕ Sie .... wieder arbeiten, aber sie findet keine Tagesmutter, die die Kinder betreut. Deshalb .... sie zu Hause bleiben.

ⓖ Nach drei Jahren Erziehungsurlaub .... der Chef den Arbeitnehmer wieder einstellen.

ⓗ Das tut dir nicht gut. Du .... wirklich nicht so viel rauchen.

ⓘ Ich .... Ihnen einen schönen Gruß von meinem Mann sagen.

ⓙ Mein Sohn .... heute länger aufbleiben, weil er morgen keine Schule hat.

ⓚ .... ihr nicht ein bisschen leiser sein? Ich .... arbeiten.

ⓛ .... Sie bitte Herrn Schulze ausrichten, dass ich morgen etwas später komme?

ⓜ Nach 22 Uhr .... man in diesem Mietshaus keinen Lärm mehr machen.

zu Seite 27, 4

15 Herbstmilch → **GRAMMATIK**

Lesen Sie die folgende Inhaltsangabe und ergänzen Sie die passenden Modalverben im Präsens.

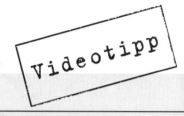

2

HERBSTMILCH

Deutschland 1989 *Regie:* **Joseph Vilsmaier** *Autor:* **Peter Steinbach**
Frei nach den gleichnamigen Lebenserinnerungen der Bäuerin
Anna Wimschneider
Darsteller: **Dana Vavrova, Werner Stocker, Eva Mattes, Renate Grosser**

„Herbstmilch" ist die Lebensgeschichte der Bäuerin Anna Wimschneider aus einem Dorf in Niederbayern. Ihre Mutter stirbt sehr früh und hinterlässt eine neunköpfige Familie. Es ist ganz selbstverständlich, dass die achtjährige Tochter Anna alle Pflichten im Haushalt übernimmt. Sie .... kochen, waschen, putzen, im Stall arbeiten und sich um die Geschwister kümmern, obwohl sie selbst noch ein Kind ist. Sie .... gern Krankenschwester werden, ... das aber nicht, weil Schul-

bildung nach Meinung des Vaters für Mädchen unwichtig ist. Erst als sie mit achtzehn Albert kennenlernt, scheint ihr Leben wieder einen Sinn zu bekommen. Weil dieser so schöne Geschichten erzählen ...., heiratet sie ihn.
Jedoch ist ihr Leben als Ehefrau auch nicht besser als das bei ihrem Vater. Ihr Ehemann .... drei Tage nach der Hochzeit als Soldat in den Krieg ziehen, und so bleibt Anna allein zurück. Anna .... jetzt in Alberts Familie ebenso hart auf dem Feld arbeiten und leidet unter ihrer Schwiegermutter, die sie tyrannisiert.
Nach der Geburt ihres ersten Kindes .... sie sich nicht um das Kind kümmern, weil sie den ganzen Tag über arbeiten .... Erst nach Kriegsende kehrt Albert zurück, und endlich .... für sie ein anderes Leben beginnen.

Anna Wimschneider hat die Geschichte ursprünglich für ihre Enkel aufgeschrieben. Dann hat ein Verlag sie veröffentlicht. Der Regisseur Vilsmaier, der aus Niederbayern kommt, interessierte sich für den Text, da sein Großvater darin erwähnt wurde. Er verfilmte die Lebenserinnerungen zu einem Stück Zeitgeschichte.

LEKTION 2

zu Seite 27, 4

16 Modalverben im Präteritum → GRAMMATIK

Antworten Sie im Präteritum.

Beispiel: „Was haben Sie gestern gemacht?" (für die Prüfung lernen müssen)
„Ich musste für die Prüfung lernen."

a „Warum bist du gestern nicht zur Party gekommen?" (kranken Sohn nicht alleinlassen können)

b „Du hättest ihm die Wahrheit sagen sollen." (ihm das nicht sagen können),
du weißt, wie sensibel er ist.

c „Ich bin wirklich böse auf dich." Tut mir leid, (das nicht wollen)

d „Warum hast du nicht angerufen?" (anrufen wollen, aber keine Telefonzelle finden können)

e „Wo warst du die letzten zwei Wochen?" (im Bett liegen müssen)

f „Warum sind Ihre Hausaufgaben so schlecht?" (mich nicht konzentrieren können)

g „Warum wolltest du ihn denn überhaupt heiraten?" (ihn wirklich gern mögen)

zu Seite 27, 4

17 Zeitungsmeldungen → LESEN/GRAMMATIK

Kreuzen Sie für jede Nummer unten das passende Modalverb an.

Der liebe Daddy soll viel unternehmen

München – Der „Supervater" für Kinder zwischen acht und zwölf
Jahren (1) lieb und unternehmungslustig sein. Dieses Ergebnis brachte
eine Umfrageaktion der Allgemeinen Ortskrankenkasse (AOK) in
Bayern, an der sich 2000 Kinder in der Altersklasse beteiligten.
77 Prozent (2) einen „lieben Daddy", 69 Prozent (3), dass Papa viel mit
ihnen unternimmt. Dabei (4) der Vater gute Laune haben und Spaß
verstehen (50 Prozent). Was die Kinder überhaupt nicht leiden (5),
ist ein schreiender oder schlagender Vater (44 Prozent).

	A	B	C
1	soll	kann	darf
2	wollen	dürfen	müssen
3	müssen	sollen	möchten
4	möchte	soll	darf
5	können	wollen	möchten

zu Seite 27, 5

18 Beruf oder Kinder? → GRAMMATIK

Ersetzen Sie die kursiv gesetzten Ausdrücke durch Modalverben.
Schreiben Sie den Text noch einmal.
Beginnen Sie so: *Viele Frauen wollen nach der Geburt ...*

> Viele Frauen *haben den Plan*, nach der Geburt ihres Kindes wieder
> arbeiten zu gehen. Oder aber sie bleiben zu Hause.
> Auch Männer *haben die Möglichkeit*, Erziehungsurlaub zu nehmen.
> Aber immer noch *haben* sehr wenige Männer *den Wunsch*, das zu tun.
> Die meisten *haben die Absicht*, zu arbeiten und Karriere zu machen.
> Auf jeden Fall *wäre es ratsam*, dass die Partner gemeinsam über das
> Problem diskutieren.
> Dann ist es für die Frau nicht automatisch *eine Pflicht*, zu Hause zu
> bleiben, sondern für sie *besteht die Chance*, ihren Job auszuüben.

zu Seite 27, 5

__19__   Lerntipp → **GRAMMATIK**

Lerntipp

Grammatik-Terminologie
Grammatische Strukturen oder Regeln werden normalerweise
mit grammatischen Begriffen formuliert. Deshalb ist es wichtig, die
Bedeutung dieser Begriffe zu kennen.

Lesen Sie das folgende Vorwort zu dem Kinderbuch „Wir pfeifen auf
den Gurkenkönig" von Christine Nöstlinger.

M ein Opa hat gesagt, einer von uns muss die Geschichte
aufschreiben. Und da hat der Opa recht. Martina hat
gesagt, sie wird es tun. Doch alles, was sie bisher getan
hat, war, dass sie einen Stoß rosa Papier und ein grünes Farbband für
die Schreibmaschine gekauft hat. Sie sagt, sie hat mit dem Schreiben
noch nicht begonnen, weil die Gliederung der Geschichte so schwierig ist. Auf die Gliederung einer Geschichte kommt es nämlich an, hat
der Deutschlehrer gesagt. Mir ist die Gliederung wurscht! Und weil
ich jetzt gerade einen Gipsfuß habe und sowieso nicht schwimmen
gehen kann, schreibe ich es halt auf.

Ordnen Sie den Wörtern die grammatischen Begriffe zu.

Beispiel	grammatischer Begriff
Mein	bestimmter Artikel, feminin
Opa	Konnektor, kausal
hat ... gesagt	Modalverb, 3. Person Singular
von	Nomen, Singular, Nominativ
uns	Adjektiv
muss	Präsens, 3. Person Singular
die Geschichte	Perfekt, 3. Person Singular
aufschreiben	Possessivpronomen, 1. Person Singular
weil	Nomen, Singular, Nominativ
die	Präposition
Gliederung	Personalpronomen, 1. Person Plural, Dativ
schwierig	Nomen, Singular, Akkusativergänzung
ist	Infinitiv, trennbares Verb

2

zu Seite 29, 3

20 Rollenspiel: Tante Ernas Testament → SPRECHEN

a Lesen Sie folgende Situation und verteilen Sie die Rollen.

Die Situation: Tante Erna ist 65 Jahre alt und sehr reich. Obwohl sie noch aktiv und gesund ist, möchte sie jetzt schon ihr Testament machen. Sie legt viel Wert darauf, ihr Erbe fair zu verteilen. Deshalb hat sie ihre Freunde und ihre Familie eingeladen, um mit ihnen gemeinsam das Testament zu schreiben. Alle sind gekommen, und jeder möchte natürlich so viel wie möglich erben.

Gekommen sind:

Hans: Tante Ernas Sohn, der seit 20 Jahren in den USA wohnt

Klaus und Norbert: Tante Ernas Enkel

Erika: Tante Ernas Tochter

Emilie: eine Freundin von Tante Erna, die ihr immer viel geholfen hat

Katharina: Tante Ernas Schwester, die sich nie besonders mit Erna verstanden hat

Ein Pastor: Tante Erna hat sich immer für die Kirche engagiert.

Sabine: eine Cousine, die jedes Jahr mit Erna in Urlaub war

Marion: eine Nachbarin, die oft zum Kaffeeklatsch vorbeigekommen ist

Oskar: Ernas (früherer) Liebhaber, erst 50 Jahre alt

Klara: die Putzfrau, die seit über 25 Jahren bei ihr arbeitet

Tante Erna besitzt:

- ein Haus im Schwarzwald
- zwei wertvolle Gemälde von Rembrandt
- Schmuck im Wert von 50 000 €
- einen Spielsalon in Las Vegas
- ein Motorrad
- einen Papagei
- ein Hotel in Tirol
- eine wertvolle Bibliothek

b Machen Sie nun ein Rollenspiel.

Schritt 1 Vorbereitung: Überlegen Sie sich, was Sie gern erben möchten. Finden Sie gute Argumente, warum Sie ein Recht darauf haben. Machen Sie sich Stichpunkte für die anschließende Diskussion.

Schritt 2 Diskussion: Alle diskutieren über das Testament und tragen ihre Argumente und Gegenargumente vor. Tante Erna leitet die Diskussion. Die Diskussion muss schließlich zu einer Einigung führen. Benutzen Sie bei der Diskussion die folgenden Redemittel.

Zustimmen
Da bin ich ganz Ihrer/
deiner Meinung.
Stimmt, Sie haben/du hast recht.
Es ist am besten, wenn man ...

Ablehnen
Aber das ist doch unfair.
Stellen Sie sich / Stell dir doch mal vor ...
Da kann ich Ihnen/dir gar nicht zustimmen.
Ich finde das unmöglich, wenn ...

Schritt 3 Das Testament wird geschrieben.

LEKTION 2

zu Seite 31, 4

21   Lerntipp → WORTSCHATZ

a   Bilden Sie Komposita. Verbinden Sie die Nomen und ergänzen Sie jeweils den Artikel.

Kinder	Paar	
Ehe	Garten	*der*
Mutter	Jahr	
Erziehungs	Mutter	
Tages	Teil	
Teilzeit	Schutz	
Eltern	Arbeit	

b   Erklären Sie die Bedeutung dieser Wörter in ein oder zwei Sätzen.
Beispiel: *der Kindergarten: Eine Institution für Kinder, die noch nicht in die Schule gehen.*

Einsprachiges Wörterbuch
Schlagen Sie Wörter, die Sie nicht verstehen, nicht sofort in einem zweisprachigen Wörterbuch nach. Benutzen Sie immer zuerst ein deutsch-deutsches Wörterbuch. Die Erklärungen sind meist leicht verständlich.

Lerntipp

Beispiele: **Kin-der-gar-ten** (m) → (maskulin) *Spielschule für noch nicht schulpflichtige Kinder*; Sy Kinderschule (f); → a. Kinderhort (auch)
(eine) → (synonym)
Ta-ges-mut-ter *die*; *ě-e Frau, die während des Tages auf Kinder berufstätiger Frauen aufpasst*

c   Schlagen Sie die Komposita aus Aufgabe **a**, die Sie nicht verstanden haben, in einem einsprachigen Wörterbuch nach.

zu Seite 31, 5

22   Reflexive Verben → GRAMMATIK

Ergänzen Sie das passende Reflexivpronomen.

a   Tut mir leid, ich kann ......*mir*...... Ihren Namen einfach nicht merken.
b   Kannst du .... vorstellen, Hausmann zu sein?
c   Ich wünsche .... eine Stereoanlage zum Geburtstag.
d   Warum hast du .... nicht vorgestellt? Er kennt dich doch noch gar nicht.
e   Du schadest .... nur selbst, wenn du so viel rauchst.
f   Ich glaube, er hat .... ein Bein gebrochen.
g   Hast du Lust, ... diesen Film anzusehen?
h   Sie hat .... tausendmal für das Geschenk bedankt.
i   Ich kann es .... nicht leisten, nur zu Hause zu bleiben und nicht zu arbeiten.
j   Sie müssen .... mehr um Ihre Kinder kümmern.
k   Wir haben .... entschlossen, nächstes Jahr mit der ganzen Familie ans Meer zu fahren.
l   Du musst .... endlich entscheiden.
m   Ich habe .... vorgenommen, für drei Jahre in Erziehungsurlaub zu gehen.
n   Erinnerst du .... an unseren gemeinsamen Urlaub?
o   „Wir kommen zu spät." „Ja, ja, ich beeile .... schon."
p   Da hast du .... ja mal wieder was Tolles ausgedacht.
q   So ein teures Auto kann ich .... nicht leisten.
r   Es lohnt .... doch nicht, wenn du .... so aufregst.
s   Die Musik ist so laut. Ich kann .... gar nicht auf die Hausaufgaben konzentrieren.

zu Seite 31, 5

23 Reflexivpronomen → GRAMMATIK

Ordnen Sie die Sätze zu und ergänzen Sie das passende Reflexivpronomen.
Beispiel: *Lass dir mal was Neues einfallen.*

a Lass		nichts aus Kleidung.
b Er hat		das vorstellen? Unglaublich!
c Ich traue		mal was Neues einfallen.
d Gib	Reflexivpronomen	eine tolle Geschichte ausgedacht.
e Sie macht		das nicht zu.
f Er zeigte		von seiner besten Seite.
g Kannst du		keine Mühe. Es lohnt sich nicht.
h Das lasse ich		nicht länger gefallen.

zu Seite 31, 6

24 Reziproke und reflexive Verben → GRAMMATIK

Welches *sich* kann man durch *einander* ersetzen? Kreuzen Sie an.

	ja	nein
a Sie lernten sich in einer Disco kennen.	☒	☐
b Sie schauten sich stundenlang an.	☐	☐
c Sie verabredeten sich zum Essen.	☐	☐
d Dort unterhielten sie sich über alles Mögliche.	☐	☐
e Nach einiger Zeit duzten sie sich.	☐	☐
f Am nächsten Morgen konnten sie sich an nichts erinnern.	☐	☐
g Sie entschuldigten sich für das Missverständnis.	☐	☐
h Sie sind Freunde geblieben und verstehen sich immer noch gut.	☐	☐
i Jedes Jahr zu Weihnachten schreiben sie sich eine Postkarte.	☐	☐

1 Gedicht

LERNER-CD 5

a Hören Sie das folgende Gedicht von Erich Fried zuerst einmal, ohne es zu lesen.

Freie Wahl mit guten Vorsätzen
am Beispiel üste

Die üste hat die freie Wahl:
Wenn sie ein W wählt, bleibt sie kahl.
Wenn sie ein K wählt, wird sie nass –
Die freie Wahl macht keinen Spaß.

b Hören Sie das Gedicht noch einmal. Lesen Sie es laut.

c Wie heißen die beiden Wörter mit „üste"?

2 Wortpaare *u – ü*

LERNER-CD 6

Sie hören jetzt einige Wortpaare. Ergänzen Sie das zweite Wort des Paares.

u – ü	ü – u
Wunsch – *Wünsche*	Grüße – *Gruß*
wusste –	für –
durfte –	Schüler –
musste –	natürlich –
nutzen –	künstlich –

3 *i* oder *ü*?

LERNER-CD 7

a Welches Wort hören Sie? Kreuzen Sie an.

- ☐ Lüste   ☒ Liste   ☐ Küche   ☐ Kirche
- ☐ für   ☐ vier   ☐ küssen ☐ Kissen
- ☐ Gefühl ☐ gefiel   ☐ Tür   ☐ Tier
- ☐ Glück   ☐ Klick   ☐ spülen ☐ spielen
- ☐ Flüge   ☐ Fliege   ☐ Wüsten ☐ wissen
- ☐ lügen   ☐ liegen   ☐ Gerücht ☐ Gericht

b Bilden Sie einen Satz mit diesen Wörtern: *vier – Gerücht – fliegen – Wüste*. Schreiben Sie den Satz auf einen Zettel und geben Sie den Zettel weiter an Ihre Lernpartnerin / Ihren Lernpartner. Diese/Dieser liest den Satz laut vor.

4 Schriftsteller

LERNER-CD 8

Hören Sie die Namen und ergänzen Sie *ü – u* oder *i – ie*.

Franz F..*ü*.hmann	G.....nter Grass
G.....nter K.....nert	S.....gfried Lenz
Fr.....drich D.....rrenmatt	Die Br.....der Gr.....mm
Max Fr.....sch	Friedrich Sch.....ller
Rainer Maria R.....lke	

5 *u – ü* oder *i – ie*?

LERNER-CD 9

Sprechen Sie die folgenden Sätze nach.

- ■ Ich habe das Gefühl, er hat immer viel Glück in der Liebe.
- ■ Die Büsche blühen auch im Winter.
- ■ Viel Vergnügen auf der Insel in der Karibik!
- ■ Auf dem Küchentisch liegen viele Süßigkeiten.
- ■ Sie hat ein bildhübsches Gesicht.

Lernkontrolle: Was haben Sie in diesem Kapitel gelernt?

Kreuzen Sie an.

Ich kann ...

Lesen

☐ ... ein gedrucktes Interview zum Thema *Lebensplanung von Frauen* global verstehen.

☐ ... einer Informationsbroschüre des Familienministeriums entnehmen, welche staatlichen Hilfen Eltern in Deutschland erhalten.

Hören

☐ ... einem Gespräch mit einer vierköpfigen deutschen Familie über ihren Alltag Hauptaussagen und Einzelheiten entnehmen.

Schreiben – Produktion

☐ ... Informationen aus einem Schaubild mithilfe von Redemitteln schriftlich festhalten.

Schreiben – Interaktion

☐ ... Anweisungen für Familienmitglieder nach Stichpunkten verfassen und erklären, was zu tun ist.

☐ ... in einer Debatte Argumente für oder gegen die Wahl eines Familiennamens anbringen und auf die Argumente anderer reagieren.

Sprechen – Produktion

☐ ... einer Grafik über die Lebensformen junger Menschen Informationen entnehmen und die dargestellte Situation mit meinem Heimatland vergleichen.

☐ ... über Bedeutung, Häufigkeit und Herkunft von Vor- und Familiennamen in der Heimat informieren.

Sprechen – Interaktion

☐ ... mich im Gespräch mit anderen über die Lebensformen junger Menschen in unseren Heimatländern austauschen und meine Meinung dazu äußern.

☐ ... am Telefon Unverständnis oder Ärger über eine Situation oder eine Person äußern bzw. auf die Wut des anderen reagieren.

Wortschatz

☐ ... Nomen, Verben, Adjektive und idiomatische Wendungen zum Wortfeld *Menschliche Beziehungen* sicher einsetzen.

Grammatik

☐ ... die Modalverben in verschiedenen Bedeutungen richtig verwenden.

☐ ... reflexive und reziproke Verben richtig verwenden.

Sprechen Sie mit Ihrer Kursleiterin / Ihrem Kursleiter über Tipps zum Weiterlernen.

Verben

anzünden

einladen zu + *Dat.*

feiern

hinweisen auf + *Akk.*

jammern

plaudern

schmücken

sich verabreden mit + *Dat.*

sich verkleiden

sich verwandeln in + *Akk.*

sorgen für + *Akk.*

stattfinden

tanzen

trösten

Nomen

der Advent

der Anlass, ̈-e

der Besucher, -

der Brauch, ̈-e

das Christkind

die/der Einheimische, -n

die Einladung, -en

der Fasching

die Fastnacht

die Feier, -n

der Feiertag, -e

das Fest, -e

das Feuerwerk, -e

der Geburtstag, -e

die Gemütlichkeit

das Geschenk, -e

die Hochzeit, -en

die Jahreszeit, -en

der Karneval

das Karussell, -s

die Maske, -n

der Maskenball, ̈-e

Neujahr

der Nikolaus, -e

die Nostalgie

das Oktoberfest, -e

das Osterei, -er

der Osterhase, -n

Ostern, -

die Party, -s

Pfingsten, -

das Plätzchen, -

die Rakete, -n

Silvester, -

der Stellenwert

die Süßigkeit, -en

die Trauerfeier, -n

die Überraschung, -en

das Volksfest, -e

Weihnachten, -

der Weihnachtsbaum, ̈-e

Adjektive/Adverbien

ausgebucht

locker

lustig

sanft

trist

verrückt

zwanghaft

Konnektoren

als

bevor

bis

nachdem

seitdem

sobald

während

wenn

Ausdrücke

die Post geht ab

eine Anzeige aufgeben

einen Konflikt entschärfen

in Atem halten

in die Offensive gehen

sich dem Ende zuneigen

Stil haben

unter Kontrolle bringen

__1__   **Rund ums Feiern** → **WORTSCHATZ**

Welches Verb passt? Ordnen Sie zu.

feiern – tanzen – anzünden – mitbringen – vorbereiten – verkleiden – einladen – abschicken – verabreden – schmücken

das Feuerwerk .... *anzünden*	eine Hochzeit .... *feiern*
zum Geburtstag	ein Geschenk ....
auf einer Party	eine Einladung ....
sich für den Maskenball	sich mit einer Freundin ....
den Weihnachtsbaum	eine Überraschung ....

LEKTION 3

zu Seite 34, 4

2   Lückentext → **HÖREN/WORTSCHATZ**

Lesen Sie die Transkription einer Passage aus dem Hörtext zu Kursbuch
Seite 34. Setzen Sie die folgenden Wörter in den Text ein.

Büfett – eingeladen – Fest – ~~Feiern~~ – Freundeskreis – Freunde –
Gäste – Geburtstag – gefeiert – getanzt – Party

Moderator: Lassen Sie uns jetzt übers .... *Feiern* .... sprechen: Was war das
schönste ...., das Sie je gefeiert haben, Frau Weber?
Frau Weber: Da muss ich mal überlegen. Hm, also die ...., die ich
zu meinem 25. .... gemacht habe, also die war wirklich klasse. Da
habe ich 100 Leute ...., ... haben wir im Garten meiner Eltern, also ein
richtiges Gartenfest. Das Wetter hat auch mitgemacht, und alle Freunde haben was zum
Essen mitgebracht, ein richtiges Wahnsinns-................... mit allem Drum
und Dran. Dann hatten wir auch Livemusik, eine ganz tolle Band, Freunde von mir, die
konnten alles spielen, vom Walzer bis zu Techno ... Wir haben ...., die
ganze Nacht, und am Morgen sind dann die letzten ...., also die,
die noch übrig waren, da sind wir noch mit dreißig Leuten zum Schwimmen in den Bag-
gersee gegangen ... bei Sonnenaufgang ... das war romantisch.
Moderator: Sie haben also einen großen ....?
Frau Weber: Oh, einen sehr großen. Mir sind meine .... sehr wichtig,
und wir feiern auch alle gern.

zu Seite 34, 5

3   Textpuzzle: Geburtstagsparty → **LESEN**

Lesen Sie den folgenden Text aus einem Jugendmagazin und bringen
Sie die Textabschnitte in die richtige Reihenfolge. Achten Sie dabei auf
die unterstrichenen Wörter.

1	2	3	4	5	6	7	8	9
D								

Geburtstagsparty – einmal ganz anders

A Der gemeinsame Kinobesuch ist <u>ebenfalls</u> nicht mehr so beliebt.

B <u>Die Gäste</u> werden nicht nach Hause zu Kaffee und Kuchen und auch nicht zum „Fast Food" ins Restaurant eingeladen.

C In Hannover spielt man <u>beispielsweise</u> „Steinzeit". Die jungen Gäste können sehen, wie man ganz früher lebte, und z. B. alte Geräte selbst ausprobieren. Manche Jugendliche kommen auch mit speziellen Wünschen. So möchten sie Collagen oder selbst gemalte Bilder aus dem Museum <u>mit nach Hause neh-men</u>.

D Bei Kindern und Jugendlichen in Deutschland wird es immer beliebter, den Geburtstag einmal anders zu feiern.

E <u>Wer</u> seinen Freunden etwas ganz Neues bieten will, geht mit ihnen ins Museum. Das ist allerdings meist nur in größeren Städten möglich.

F <u>Aber nicht nur in Hannover</u>, auch in einem Museum in Konstanz ist man auf junge Geburtstagsgäste gut vorbereitet.

G <u>Dort</u> gibt es ein großes Angebot für verschiedene Altersgruppen, zum Beispiel <u>Denk- und Ratespiele</u>.

H Für die Eltern ist die Überraschung groß, wenn sie nach der Feier im Kinderzimmer <u>die Werke der kleinen Künstler</u> bewundern können.

I Natürlich winken <u>den Gewinnern</u> – wie könnte es auf einem Kindergeburtstag anders sein – lustige Preise.

zu Seite 35, 2

__4__ Wünsche – Glückwünsche → SPRECHEN/WORTSCHATZ

Schreiben Sie die Sätze zum Bild.
Manchmal sind mehrere Glückwünsche möglich.

> Amüsier dich gut! – Ein gutes neues Jahr! – Ein glückliches neues Jahr! –
> Frohes Fest! – Fröhliche Ostern! – Herzlichen Glückwunsch zu ...! –
> Prost Neujahr! – Viel Glück! – Viel Spaß! – Viel Vergnügen! –
> (Ich wünsche dir/Ihnen) alles Gute! – Frohe Weihnachten!

Frohe Weihnachten!

zu Seite 37, 2

__5__ Lerntipp → LESEN

Lerntipp

Hauptinformationen im Text
Um beim ersten Lesen die Hauptinformationen aus einem Text heraus-
zufinden, versuchen Sie zuerst nur die W-Fragen *Wer? Wo? Was?*
Wann? Warum? zu beantworten.

Lesen Sie die folgende Zeitungsmeldung.
Unterstreichen Sie die Hauptinformationen und schreiben Sie neben
den Text, welche W-Fragen beantwortet werden.

Wer? | **Alfred Bauer in der Dahner Land-hausstraße feierte gestern seinen 103. Geburtstag.**
Der Jubilar kann auf ein erfülltes Leben zurückblicken. Er ist zufrie-den, dass er gesundheitlich wohl-auf ist. Auf die Frage, wie er so alt wurde, antwortete er: „Kein Stress, und was ganz wichtig ist: jeden Tag ein Gläschen Wein." Mit dem Rauchen hat er jedoch vor fünf Jahren aufgehört. Herr Bauer liest noch täglich die Zeitung und hört gern Musik. Der Jubilar wird von seiner Familie umsorgt, und recht-zeitig zu seinem Geburtstag wur-de sein 20. Urenkelkind geboren. Er feierte mit seinen beiden Ge-schwistern und den Familien seiner Kinder.

zu Seite 37, 3

Spiel

__6__ Lügengeschichten → SPRECHEN

Überlegen Sie sich eine unglaubliche Geschichte aus Ihrem Leben oder
eine erstaunliche Geschichte, die Sie vielleicht irgendwo einmal gelesen
haben. Oder denken Sie sich einfach eine Geschichte aus. Erzählen Sie
die Geschichte der Klasse lebhaft und überzeugend. Diese muss raten,
ob Sie die Geschichte wirklich erlebt haben oder ob Sie sie erfunden
haben. Dazu dürfen Ihre Lernpartner/innen am Ende auch viele Fragen
stellen, auf die Sie antworten müssen.

Lösung zu Aufgabe 3 in Ihrem Kursbuch auf Seite 37: Wahr sind die
Meldungen „Tierische Ostern" und „Weihnachtsfeuertage".

LEKTION 3

zu Seite 37, 6

7 *Als* oder *wenn*? → GRAMMATIK

Ergänzen Sie *als* oder *wenn*.

a ....Als............ meine Großmutter noch lebte, waren die Weihnachtsfeste
wirklich schön.

b .... ich noch Student war, ging ich immer gern auf Faschingspartys.

c Aber .... ich heute auf einer Fete bin, dann langweile ich mich meistens.

d Anfangs, ... ich nach Deutschland kam, musste ich mich
erst an das Essen gewöhnen.

e Früher liebte ich meinen Geburtstag. Aber .... ich dann älter wurde,
hat es mir keinen Spaß mehr gemacht zu feiern.

f Sie wurde meistens rot, ... sie vor einer Gruppe sprechen musste.

g .... ich Kind war, wollte ich an Silvester immer bis Mitternacht wach bleiben.

h Ich rufe dich an, ... ich wieder zurück bin.

i Er vergaß sogar die Ringe, ... wir heirateten.

j Unsere Familie hat sich immer nur getroffen, ... es etwas zu feiern gab.

k Ich habe auch immer Pech. Immer .... ich euch besuchen will, seid ihr nicht
zu Hause.

zu Seite 37, 6

8 Nebensätze mit *als* und *wenn* → GRAMMATIK

Bilden Sie Sätze mit *als* oder *wenn* in der Vergangenheit.

a noch nicht verheiratet sein – viel reisen
Als ich noch nicht verheiratet war, reiste ich viel.

b im Sommer – Großeltern besuchen – sich jedes Mal freuen

c jünger sein – viel in die Disco gehen

d das erste Mal verliebt sein – nichts essen können

e Nicola 25. Geburtstag feiern – Ralf kennenlernen

f in Urlaub fahren – jedes Mal viele Souvenirs mitbringen

g alle Gäste schon gehen – Daniel immer noch sitzen bleiben

zu Seite 37, 7

9 Temporale Konnektoren → GRAMMATIK

Kreuzen Sie den richtigen Konnektor an.

a .... ich den Vertrag unterschreibe, möchte ich ihn noch einmal in Ruhe durchlesen.
☒ bevor ☐ als ☐ während

b .... er das Theater erreicht hatte, fing es an zu regnen.
☐ wenn ☐ nachdem ☐ während

c Denk daran, dass du noch anrufen musst, ... du gehst.
☐ sobald ☐ wenn ☐ bevor

d Immer .... wir auf einem Campingplatz Urlaub machten, lernten wir viele Leute kennen.
☐ als ☐ wenn ☐ nachdem

e .... du dich an den Tisch setzt, wasch dir bitte die Hände.
☐ sobald ☐ während ☐ bevor

f .... er einen Computer hat, interessiert er sich für nichts anderes mehr.
☐ sobald ☐ als ☐ seitdem

g Ich werde dich besuchen, ... ich wieder mehr Zeit habe.
☐ bevor ☐ sobald ☐ während

h Kannst du warten, ... ich fertig bin?
☐ seitdem ☐ wenn ☐ bis

LEKTION 3

zu Seite 37, 7

10 Temporalsätze → GRAMMATIK

Ergänzen Sie die Sätze frei.

a Während ich den Weihnachtsbaum schmücke, ...

b Als wir deinen letzten Geburtstag feierten, ...

c Ich warte auf dich, bis ....

d Wenn wir das nächste Mal ein Silvesterfest machen, ...

e Seitdem ich in Deutschland bin, ...

f Sobald ich mehr Geld habe, ...

g Die Polizei nahm ihn fest, nachdem ....

h Wenn ich das nächste Mal in Urlaub fahre, ...

i Erinnerst du dich noch an den Tag, als ....

j Bevor ich heirate, ...

zu Seite 38, 3

11 Formelle Telefongespräche → SPRECHEN/WORTSCHATZ

a Ordnen Sie die Redemittel ein.

Ich denke, das lässt sich machen. – Wir dachten, Sie könnten vielleicht ... – Ich melde mich bei Ihnen ... – Es wäre schön, wenn Sie ... – Wie viel / Was wäre das dann? – Ja, so machen wir es. – Und was könnten wir da beitragen? – Einen schönen guten Morgen. Hier spricht ... – Leider sieht es ... nicht so gut aus. – Schön, mal wieder von Ihnen zu hören. – Ach, Herr ..., das wäre wirklich schön. – Schon lange nichts mehr von Ihnen gehört. – Schön, dass Sie anrufen. – Machen wir es doch einfach so: ... – Wir hören voneinander. – Dürfte ich Sie etwas fragen? – Was kann ich für Sie tun?

jemanden höflich begrüßen	*Einen schönen guten Morgen. Hier spricht ...*
vorsichtig fragen/bitten	
nachfragen	
vorsichtig zustimmen/zusagen	*Ich denke, das lässt sich machen. ...*
vorsichtig ablehnen	
sich bedanken / Hilfe höflich annehmen	
bestätigen und sich verabschieden	

b Ergänzen Sie den Dialog.

das lässt sich machen. – Könnten Sie vielleicht – wäre wirklich schön. – melde mich noch mal bei Ihnen. – Wir hören voneinander – Schön, mal wieder von Ihnen zu hören – Wir dachten, Sie könnten vielleicht

■ Schönen guten Tag, Frau Sänger. ....! Was kann ich für Sie tun?

● Also, wir haben doch bald unseren Betriebsausflug. ....
.... bei der Organisation helfen.

■ Ja, gern. Was können wir dazu beitragen?

● .... den Bus organisieren?

■ Na klar, kein Problem. Ich denke, ...

● Wirklich? Das ....

■ Und bis wann soll ich mich darum kümmern? Wann ist denn der Ausflug?

● Am 15. Juni. Aber ich ....

■ Okay. So machen wir das. .... und besprechen dann alles genauer. Auf Wiederhören.

LEKTION 3

zu Seite 39, 2

12 Temporale Präpositionen → GRAMMATIK

Wie lautet die Regel? Ergänzen Sie die Präpositionen (+ Kasus) in dem Kasten.
Fügen Sie Beispiele aus den Texten im Kursbuch Seite 39 hinzu oder formulieren Sie
selbst ein Beispiel.

Präposition	Gebrauch	Beispiel
an + Dat.	Tageszeit (Achtung: <u>in</u> der Nacht) Tag Datum Feiertag	*am Nachmittag* *am Donnerstag*
_____ + _____	Nacht Woche Monat Jahreszeit Jahrhundert längerer Zeitraum	
_____ + _____	Uhrzeit	
_____ + _____	ungefährer Zeitpunkt	

zu Seite 39, 2

13 Temporale Präpositionen → GRAMMATIK

Ergänzen Sie die Präpositionen.

a Die Party findet ......*am*...... Samstag .... 20 Uhr statt.
b Er machte mir .... 1. April einen Heiratsantrag.
c Letztes Jahr hatten wir .... Winter Temperaturen um die –15° C.
d Er kommt .... Dienstagnachmittag.
e Dieses Jahr fahren wir .... August in Urlaub.
f .... der Weihnachtszeit treffen sich alle Verwandten.
g Du kannst so .... 16 Uhr kommen. Ich bin auf jeden Fall zu Hause.
h .... zweiten Samstag .... Juni sind wir auf eine Party eingeladen.
i .... 6. Januar, dem Dreikönigstag, verkleiden sich manche Kinder.
j .... dem Essen trinke ich meistens einen Kaffee.
k Ich fahre .... Wochenende nach Heidelberg.
l .... des letzten Oktoberfestes hat er kaum geschlafen.
m Ich komme so .... elf Uhr, spätestens .... 11.30 Uhr bin
ich bei dir.
n Helmut macht jedes Jahr .... der Fastenzeit eine Diät.
o Wir stoßen .... 24 Uhr auf deinen Geburtstag an.
p .... Neujahrsmorgen waren natürlich alle müde vom langen Feiern.

zu Seite 39, 2

14 Temporale Adverbien → GRAMMATIK

Ordnen Sie folgende Adverbien ein. Es gibt mehrere Möglichkeiten.

gestern – heute – morgen – bald – vorhin – früher – damals –
jetzt/nun – nachher – neulich – sofort/gleich – gerade – bisher – später

Vergangenheit	Gegenwart	Zukunft
gestern	*heute*	*morgen*

LEKTION 3

zu Seite 39, 2

15 Temporale Adverbien ergänzen → GRAMMATIK

Ergänzen Sie ein passendes Temporaladverb aus der Liste in Aufgabe 14.

a Bitte warten Sie eine Sekunde. Ich komme ....*gleich*.......... wieder.

b Wie siehst du denn aus? – Ich war .... beim Friseur.

c Wo sind denn meine Ohrringe? Die lagen doch .... noch auf dem Tisch.

d Ich erkläre dir das .... , wenn du älter bist.

e Du brauchst es nicht .... zu machen. Mach es lieber ...., morgen oder am Wochenende.

f Ich habe ihn .... in der U-Bahn getroffen. Ich glaube, es war letzte Woche.

g Beeil dich. Sie müsste .... kommen.

h ...., als es noch kein Fernsehen gab, war alles besser.

zu Seite 39, 2

16 Wie oft? → GRAMMATIK

Ordnen Sie in der Skala ein.

meistens – selten – oft/häufig – fast ~~immer~~ – manchmal / ab und zu – öfters – fast nie

> **immer**
>
> ....*fast immer*..........................
>
> ....
>
> ....
>
> ....
>
> ....
>
> ....
>
> **niemals/nie**

zu Seite 39, 3

17 Eine Einladung annehmen → SCHREIBEN

Ihre Freunde haben ein Baby bekommen und möchten Sie zur Taufe einladen. Sie freuen sich sehr über die Einladung und sagen zu. Lesen Sie den Brief durch und markieren Sie, ob die unterstrichenen Wörter richtig oder falsch sind.

	richtig	falsch
<u>Liebe Laura und Jan</u>,	☐	☒
vielen Dank für <u>Deine</u> nette Einladung!	☐	☐
Ich habe mich <u>riesig</u> gefreut. Klar, dass ich komme! Das lasse ich	☐	☐
<u>mir</u> doch nicht entgehen. Ich möchte doch gern sehen, wie Euer	☐	☐
Sprössling aussieht. Nur eine Frage: Was könnte ich denn <u>Euren</u> Kleinen	☐	☐
schenken? Ich weiß, <u>wie ist das</u>. Man bekommt so viele Geschenke,	☐	☐
die <u>überflüssig</u> sind.	☐	☐
<u>Deshalb</u> wäre ich froh, wenn Ihr einen ganz besonderen	☐	☐
Wunsch äußern würdet. Ich freue mich sehr <u>über</u> das Fest und	☐	☐
gratuliere Euch von ganzem Herzen <u>zur</u> Geburt und wünsche	☐	☐
Euch dreien viel <u>Gesund</u>.	☐	☐
Einen dicken Kuss <u>von</u> den kleinen Süßen.	☐	☐
Wir sehen uns dann <u>im</u> Fest.	☐	☐
Eure Konstanze		

LEKTION 3

zu Seite 39, 3

18 Eine Einladung ablehnen → SCHREIBEN

a Lesen Sie folgende Einladung.

> ### Juhu, endlich ist es geschafft:
>
> Die Kisten sind (fast) ausgepackt! Jetzt wird's aber Zeit, die neue Wohnung einzuweihen! Und deshalb machen wir am Samstag, den
>
> ### 25. Juni, um 19.30 Uhr
> ### ein großes Fest.
>
> Dazu laden wir Euch ganz herzlich ein. Wir freuen uns sehr auf Euch. Es wäre nett, wenn Ihr eine Kleinigkeit zum Essen mitbringen könntet. Für Getränke ist gesorgt. Ruft bitte an oder schreibt kurz, ob Ihr kommen könnt. Nicht vergessen: neue Adresse und neue Telefonnummer: Baaderstr. 36, 80469 München, Tel. 14 67 96.

b Lesen Sie den Antwortbrief und kreuzen Sie für jede Lücke die richtige Antwort an.

> Meine Lieben,
> es ist wirklich nett von Euch, dass Ihr mich zu Eurem (1) eingeladen habt. Ich würde ja (2) kommen, aber ich muss leider (3). Genau an diesem Wochenende bin ich nämlich in Urlaub. Und den habe ich schon (4) Langem gebucht. So ein (5). Ich bin wirklich (6). Schade! Dabei hätte ich so gern Eure neue Wohnung und natürlich vor allem Euch gesehen. Aber so ist es nun mal. Aber sobald ich aus dem Urlaub zurück bin, werde ich Euch (7). Dann können wir ja eine Flasche Sekt auf Eure neue Wohnung trinken.
> Ich wünsche Euch (8).
>
> Hoffentlich bis bald
> eure Silvi

1	☐ Hochzeit	☐ Eröffnungsparty	☒ Einweihungsfest
2	☐ gern	☐ nicht	☐ bald
3	☐ verschieben	☐ absagen	☐ zusagen
4	☐ vor	☐ für	☐ so
5	☐ Glück	☐ Zufall	☐ Pech
6	☐ ermüdet	☐ traurig	☐ erstaunt
7	☐ besichtigen	☐ besuchen	☐ belästigen
8	☐ alles Gute für das kommende Lebensjahr	☐ viel Gesundheit	☐ viel Spaß bei Eurer Party

zu Seite 40, 3

19 Das Oktoberfest → GRAMMATIK

Lesen Sie den Text und ergänzen Sie die Präpositionen.

< am – am – gegen – ~~im~~ – im – in – in – nach – um – um – während

Das Oktoberfest findet einmal .... *im* .... Jahr auf der Theresienwiese statt und erinnert an das Hochzeitsfest von König Ludwig I. mit Prinzessin Therese von Sachsen-Hildburghausen .... Jahr 1810.

Es beginnt .... der vorletzten Septemberwoche und endet .... ersten Oktobersonntag. Die Bierzelte öffnen täglich .... elf Uhr und schließen .... 23 Uhr. ....

AB 42

ersten Samstag ziehen die Festwirte mit den Bierwagen auf dem Fest-platz ein. .... dem Fassanstich .... zwölf Uhr, der im Fernsehen übertragen wird, geht der Rummel los.

Das Oktoberfest gilt als das größte Volksfest der Welt. Jährlich kommen mehr als sechs Millionen Besucher auf die Theresienwiese. Die Münch-ner Hotels sind .... dieser Zeit meist ausgebucht.

Auch der Bierkonsum erreicht Jahr für Jahr neue Rekorde. .... des letzten Oktoberfests wurden fast sieben Millionen Liter Bier getrun-ken, 500 000 gebratene Hühner, 102 ganze Ochsen und 43 000 „Schweins-haxen" verzehrt.

zu Seite 41, 4

20 **Familienfeiern in meinem Land** → LESEN/SCHREIBEN

a Lesen Sie die folgenden Meinungen zum Thema *Wie feiert meine Familie?* Wer sagt was? Ergänzen Sie die Namen. Manchmal passen mehrere Personen.

Wer sagt was?
Medhat

1 Bei unseren Festen sind alle herzlich willkommen.
2 Ich finde unsere Feste eher langweilig.
3 Für mich ist Tradition sehr wichtig.
4 Ich finde es toll, dass Alt und Jung zusammen feiern.
5 Wir amüsieren uns die ganze Nacht.
6 Unsere Feste dauern oft mehrere Tage lang.
7 In unserer Familie wird sehr selten gefeiert.
8 Für mich sind Familienfeiern sehr wichtig.
9 Mein Lieblingsfest ist im Sommer.

Ich muss feststellen, dass wir in un-serer Familie ziemlich wenig feiern. Eigentlich nur Weihnachten, Ge-burtstage und natürlich außerge-wöhnliche Ereignisse wie Konfir-mation und mein Abitur. An Ostern, Pfingsten usw. wird nicht gefeiert. Ich muss gestehen, dass ich auf Familienfeste gut verzichten kann.
Lars, Dänemark

Wir feiern das „Mittsommer-Fest" am vorletzten Samstag im Juni. Dann bleibt niemand zu Hause, sondern alle fahren auf irgendeine Hütte auf dem Land. Wir entzün-den dann ein Johannisfeuer, und alle tanzen um das Feuer herum. An diesem Tag geht die Sonne nicht unter, und wir tanzen bis zum Morgen. Das ist wirklich toll.
Heta, Finnland

Für mich spielen Familienfeste eine große Rolle. Normalerweise sehen wir uns alle an Weihnachten, Ostern oder zu Hochzeiten. Ich fin-de es schön, wenn verschiedene Ge-nerationen zusammen sind und viel Spaß haben. Aber seit meine Großmutter gestorben ist, hat sich viel geändert. Jetzt ist alles nicht mehr so wie früher. *Laura, Italien*

Das jakutische Sommerfest wird zu Beginn des Sommers gefeiert. Auf einer festlich geschmückten Wiese versammeln sich alle Einwohner des Dorfes. Wir tragen Trachten und essen ganz bestimmte Speisen. Es gibt auch ein spezielles Getränk. Nach diesem Fest beginnt die Bau-ernarbeit auf den Feldern. Ich finde es ganz wichtig, dass ich es mit meiner Familie und Freunden fei-ern kann. *Sardana, Nordostsibirien*

Außer dem Fest, das am Ende des Fastenmonats Ramadan ist, sind bei uns Hochzeiten sehr wichtig. Das ist ein großes Ereignis nicht nur für das Brautpaar, sondern auch für die ganze Familie. Die meisten heiraten im Juli oder August, also dann, wenn es am heißesten ist. Wir feiern mindes-tens drei Tage lang, manchmal auch länger. Zu der Feier kommen mindestens 150 Personen, bei vie-len Familien bis zu 300. Ich kenne oft gar nicht alle Leute. Jeder kann kommen und kommt auch – Nach-barn, Freunde. Nicht wie in Deutsch-land, wo man eingeladen sein muss. Alle tanzen und singen und amüsieren sich. *Medhat, Tunesien*

b Schreiben Sie über ein typisches Familienfest in Ihrem Land.

LEKTION 3

zu Seite 41, 4

21 Karikatur → SCHREIBEN

Sehen Sie sich die Karikatur an und schreiben
Sie eine lustige, ernste oder spannende Geschichte.
Benutzen Sie folgende Wörter.

Anfangs / Am Anfang – aber dann – plötzlich –
danach – schließlich – Stell dir vor ... – am Ende

Beginnen Sie so: *Letzte Woche war ich bei Klaus
auf einer Party eingeladen. ...*

zu Seite 42, 2

22 Temporale Präpositionen → GRAMMATIK

Kreuzen Sie an.

ⓐ In welchem Jahr habt ihr denn geheiratet? .... 1995.
☐ im   ☐ am   ☒ – –

ⓑ Was? Der Zug ist schon angekommen? Ja, ... 15 Minuten.
☐ seit   ☐ vor   ☐ nach

ⓒ ▲ Ich habe das ganze Wochenende versucht, dich anzurufen.
● Tut mir leid, ich war das ganze Wochenende .... weg.
☐ während   ☐ über   ☐ bis

ⓓ Einen Moment noch. Ich bin .... fünf Minuten fertig.
☐ in   ☐ nach   ☐ gleich

ⓔ Die meisten Leute arbeiten .... Weihnachten und Neujahr nicht.
☐ nach   ☐ zwischen   ☐ innerhalb

ⓕ Er ist ein Partymuffel, aber erst .... ein paar Jahren.
☐ während   ☐ seit   ☐ vor

ⓖ Ich gebe dir das Geld .... nächste Woche zurück.
☐ in der   ☐ – –   ☐ innerhalb

ⓗ Wir sind .... Wochenende zum Surfen gefahren.
☐ an   ☐ übers   ☐ im

ⓘ Er arbeitet oft .... tief in die Nacht.
☐ in der   ☐ bis   ☐ während

ⓙ Die Einladung kam .... zwei Tagen an.
☐ vor   ☐ seit   ☐ innerhalb

ⓚ Die Praxis ist .... 10. .... 24. März geschlossen.
☐ vom ... bis zum   ☐ von ... an   ☐ ab ... zu

ⓛ Ich komme ungefähr .... zwei Wochen zurück.
☐ gegen   ☐ in   ☐ um

ⓜ Das Gemälde stammt .... dem 19. Jahrhundert.
☐ von   ☐ aus   ☐ in

ⓝ Erich Kästner wurde so .... 1900 geboren.
☐ gegen   ☐ um   ☐ im

ⓞ Sie dürfen .... des Starts und der Landung nicht rauchen.
☐ nach   ☐ vor   ☐ während

ⓟ Sie müssen das Formular .... einer Woche ausfüllen.
☐ innerhalb   ☐ außerhalb   ☐ vor

ⓠ Sie geht .... ein Jahr ins Ausland.
☐ bis   ☐ nach   ☐ für

AB 44

1   **Gedicht**

LERNER-CD 10

a   Lesen Sie das Gedicht.

Achterbahnträume

8
W8soldaten
bew8en
W8eln in Sch8eln
und l8en:
„Auf der W8,
um Mittern8,
werden Feuer entf8
und die W8eln geschl8et.
Wir haben lange genug geschm8et."

„8ung",
d8en die W8eln,
„wir öffnen mit Sp8eln
die Sch8eln,
denn der Verd8,
dass man uns hinm8,
ist angebr8",
und entflogen s8,
abends um
8.

b   Hören Sie jetzt das Gedicht, ohne es mitzulesen, und machen Sie auf einem separaten Blatt jedes Mal, wenn Sie in einem Wort „acht" hören, einen Strich. Vergleichen Sie dann im Kurs: Wie viele Striche haben Sie gemacht?

c   Sammeln Sie gemeinsam im Kurs weitere Wörter, in denen „-acht-" vorkommt.

2   **Die Laute *CH* (ach) und *ch* (ich)**

LERNER-CD 11

Welchen Laut hören Sie? Kreuzen Sie an.
Das *CH* wird hinten gesprochen. Das *ch* wird vorne gesprochen.

	CH klingt wie in *ach*	*ch* klingt wie in *ich*
Weihnachten	☐	☐
Wächter	☐	☐
nichts	☐	☐
Besucher	☐	☐
Bücher	☐	☐
Hochzeit	☐	☐
Töchter	☐	☐
Brauch	☐	☐
Bräuche	☐	☐
leuchten	☐	☐
leicht	☐	☐
welche	☐	☐
Buch	☐	☐

3   **Regeln zur Unterscheidung der Laute *CH* und *ch***

Kreuzen Sie an.

	CH klingt wie in *ach*	*ch* klingt wie in *ich*
a Nach Vokalen wie *e, i, ei, eu*:	☐	☐
b Nach Vokalen wie *a, o, u, au*:	☐	☐
c Nach Umlauten wie *ä, ö, ü*:	☐	☐

4   **Wortpaare *sch – ch***

LERNER-CD 12

Hören Sie die folgenden Wortpaare und sprechen Sie sie nach.

seelisch	selig	Kirsche	Kirche	Büsche	Bücher	löschen	Löcher
herrschen	Herrchen	Gischt	Gicht	Tisch	dich	Fische	Fichte
Menschen	Männchen	wischen	wichen	mischen	mich	wünschen	München

Lernkontrolle: Was haben Sie in diesem Kapitel gelernt?

Kreuzen Sie an.

Ich kann ...

Lesen

☐ ... Zeitungsmeldungen zum Thema *Feste* verstehen und darüber spekulieren, ob sie wahr sind.

☐ ... Meinungen zum Thema *Karneval* in Statements erkennen und unterscheiden.

☐ ... einen literarischen Kurztext verstehen und „zwischen den Zeilen" lesen.

Hören

☐ ... unterschiedliche Meinungen und Argumente zum Thema *Feste feiern* verstehen.

☐ ... Informationen aus einer Hörreportage zum Thema *Oktoberfest* verstehen und die Vorlieben der interviewten Personen erkennen.

Schreiben – Produktion

☐ ... über Erfahrungen mit typischen Familienfesten im Heimatland berichten.

Schreiben – Interaktion

☐ ... ein Einladungsschreiben zu einer persönlichen Feier verfassen.

Sprechen – Produktion

☐ ... in einem Kurzreferat ein Fest in meinem Heimatland vorstellen.

☐ ... über Volksfeste oder Karnevalsfeiern in meiner Heimat kurz berichten.

Sprechen – Interaktion

☐ ... mich über Sinn und Bedeutung von Familienfeiern unterhalten.

☐ ... in einem Telefongespräch um finanzielle Unterstützung für eine Aktion bitten bzw. darauf reagieren.

Wortschatz

☐ ... Feste im deutschsprachigen Raum und dazugehörige Symbole und Geschenke benennen.

☐ ... sprachliche Mittel für die Präsentation eines Referats anwenden.

☐ ... Verben und Nomen-Verb-Verbindungen zum Thema *Feiern* benutzen.

Grammatik

☐ ... temporale Nebensätze richtig bilden.

☐ ... temporale Präpositionen in ihren verschiedenen Bedeutungen korrekt verwenden.

Sprechen Sie mit Ihrer Kursleiterin / Ihrem Kursleiter über Tipps zum Weiterlernen.

Verben

abbrechen
ablenken
ansehen
anstarren
aufpassen
beenden
durchfallen
eintreten in + *Akk.*
empfinden
entschuldigen
erwarten
führen zu + *Dat.*
herkommen
hinschreiben
loslassen
mitteilen
sich erkundigen nach + *Dat.*
sitzen bleiben
vergehen
verstehen
vorwerfen
zerbrechen
zerreißen
zerschlagen

Nomen

das Abitur
das Abschlusszeugnis, -se
die Begabung, -en

die Berufsausbildung, -en
die Berufsschule, -n
der Bildungsweg, -e
die Bücherei, -en
die Chemie
die Erdkunde
die Ethik
das Fach, ⸚er
die Geografie
die Grundschule, -n
das Gymnasium, Gymnasien
die Hauptschule, -n
die Hochschulreife
die Klassenarbeit, -en
der Klassenkamerad, -en
der Klassenlehrer, -
die Konferenz, -en
die Leistung, -en
die Mathematik
die Note, -n
der Notendurchschnitt, -e
die Pause, -n
der Pausenhof, ⸚e
die Physik
die Realschule, -n
der Schulhof, ⸚e
das Schuljahr, -e
die Schuluniform, -en
die Sprechstunde, -n
das Studium, Studien
der Stundenplan, ⸚e

die Universität, -en
der Unterricht
das Zeugnis, -se

Adjektive/Adverbien

abstrakt
anschließend
anspruchsvoll
ausreichend
befriedigend (un-)
begabt (un-)
durchschnittlich
kompliziert (un-)
konkret
praktisch (un-)
praxisnah
theoretisch
ungenügend

Ausdrücke

aus der Bahn werfen
die Schule abbrechen
eine Ehrenrunde drehen
eine Konferenz abhalten
eine Lehre machen
in schallendes Gelächter
  ausbrechen
jemandem einen Rat geben
jemandem etwas beibringen
jemanden links liegen lassen
(nicht) versetzt werden

4

1   Kreuzworträtsel → WORTSCHATZ

(1) Treffen wir uns später in der ... im Schulhof?
(2) Ich muss noch in die ..., weil ich ein Buch zurückgeben muss. (3) Mathe ist mein Lieblings... .
(4) Willst du nach dem ... an der Uni studieren? (5) Ich habe einen tollen ... . Freitag nur zwei Stunden Sport.
(6) In England tragen alle Schüler eine Schul... .
(7) Sie ist eine gute Schülerin. Sie hat nur gute ... .
(8) Wir haben doch morgen Wandertag. Gott sei Dank keinen ... ! (9) Oh, Gott, morgen bekommen wir Abschluss... ! Ich hab' bestimmt eine Fünf in Physik. (10) Hast du auch genug gelernt? Wir schreiben doch morgen eine ... in Chemie. (11) Er hat so schlechte Noten. Er muss leider eine ... drehen.

Lösung:
Genug gelernt! Endlich .... !

(crossword grid: rows 1–11, with row 10 containing NARBEIT and row 11 containing EHREN)

LEKTION 4

zu Seite 46, 3

2   Lückentext → WORTSCHATZ

Lesen Sie die Transkription einer Passage aus dem Hörtext im Kursbuch
Seite 46. Setzen Sie die folgenden Nomen in den Text ein.

> die Beurteilung – die Ferien – das Halbjahr – die Klasse –
> die Klassenleiterin – der Kommentar – die Noten – der Unterricht –
> das Verhalten – das Zeugnis

Moderatorin: Und bevor auch Sabrina in die ....*Ferien*..............
geht, treffe ich sie zu Hause. Sabrina ist 16, und das Jahres-
.... der Georg-Büchner-Realschule hat ihr die Tür in die
letzte .... geöffnet. Mit ihren ....
ist sie zufrieden. Nicht aber mit dem .... ,
den die Lehrerin unten aufs Blatt geschrieben hat.

Sabrina: Also: Sabrina, eine zurückhaltende Schülerin, beteiligte sich
zufriedenstellend am .... Im zweiten
.... zeigte sie einen Leistungsabfall. Ihr ....
war recht erfreulich.

Moderatorin: Ist das für dich ein erfreuliches Zeugnis?

Sabrina: Ja, also, das Zeugnis ist schon erfreulich, aber mit dem Leistungsabfall, das fand ich nicht so gut. Und dass ich mich nur zufriedenstellend
am Unterricht beteiligt hab' ... Weil ... es ist eigentlich eine nicht so gute
.... Weil ... ich hab' eigentlich schon ganz gut immer
mitgemacht.

Moderatorin: Jetzt bist du enttäuscht darüber, was die ....
unter das Zeugnis geschrieben hat. Kannst du etwas dagegen machen?

Sabrina: Nee, also machen kann ich dagegen nix. Ich muss halt versuchen, das nächste Jahr dann noch mehr mitzuarbeiten.

zu Seite 47, 1

3   Noten und Leistungen → WORTSCHATZ

Ordnen Sie die Bilder den Leistungen zu.

sehr gut – gut – befriedigend – ausreichend/genügend – mangelhaft – ungenügend

zu Seite 47, 5

4   Zeugnisse → LESEN/SCHREIBEN

a Bringen Sie die Bilder des Comics in die richtige Reihenfolge.
b Schreiben Sie die Geschichte im Präteritum.
Beginnen Sie so: *Das kleine Mädchen zeigte seinem Vater
sein Zeugnis. Dieser fand das Zeugnis gar nicht gut und ...*

zu Seite 49, 2

___5___ Redemittel: Diskussion → SPRECHEN

Ordnen Sie die folgenden Redemittel den Intentionen **a** bis **f** zu.

– es geht hier um die Frage ...
– es geht hier um Folgendes: ...
– ich bin der Meinung, dass ...
– ich bin (absolut) für ...
– ich muss Ihnen leider widersprechen
– meiner Meinung/Ansicht nach ...
– ich glaube/denke, dass ...
– in ... hat man gute Erfahrungen damit
  gemacht

– in der Zeitung liest man ...
– wir sollten zum Ende kommen
– abschließend möchte ich sagen/
  betonen, dass ...
– ich stimme Ihnen zu
– das sehe ich anders
– das finde ich auch
– ich teile Ihre Meinung, dass ...
– ich bin auch der Meinung, dass ...

a eine Diskussion eröffnen

...........*es geht hier um die Frage*..........

....

....

....

b die Meinung sagen

....

....

....

....

c Beispiele geben

....

....

....

....

d Zustimmung äußern

....

....

....

....

e Ablehnung/Widerspruch äußern

....

....

....

....

f eine Diskussion beenden

...........*wir sollten zum Ende kommen*..........

....

....

....

zu Seite 49, 4

__6__   Diskussion: Schulen für Hochbegabte → SPRECHEN/WORTSCHATZ

ⓐ Lesen Sie den Anfang eines Zeitungsartikels.

Wenn Intelligenz zum Problem wird

In der zweiten Klasse wollte Christian nicht mehr zur Schule gehen. Jeden Abend weinte er. Niemand verstehe ihn dort, beklagte er sich. Seine Mutter war verzweifelt. Sie ging mit ihm zum Psychologen. Der fand Erstaunliches heraus: Christian hat einen Intelligenzquotienten von 139. Er liegt damit weit über dem Durchschnitt. Kein Wunder also, dass Christian nicht gern zur Schule ging: Er langweilte sich zu Tode. Wer so intelligent ist, hat es in unserem Schulsystem nicht leicht.

ⓑ „Sollte es in Deutschland spezielle Schulen für besonders begabte Kinder geben?" Ergänzen Sie die Redemittel in der Diskussion. Nehmen Sie das Kursbuch (Seite 49) und das Arbeitsbuch (Aufgabe 5) zu Hilfe.

PRO

Es geht hier .... *um die Frage* ...., ob man Schulen für besonders intelligente Kinder einrichten soll oder nicht. Ich würde gern .... : Also, ich bin absolut .... In anderen Ländern wie Großbritannien, Israel, Japan, USA oder China hat man gute .... damit gemacht. Nur bei uns in Deutschland gibt es kaum Angebote, es wird nur darüber diskutiert.
Meiner .... müssen begabte Kinder gefördert werden. Das ist nur ...., wenn sie in spezielle Schulen gehen können.
Hochbegabte Kinder langweilen sich in der normalen Schule oft zu Tode und haben deshalb oft schlechte Noten.
Dazu .... : Oft wissen auch die Lehrer nicht, wie sie mit den Kindern umgehen sollen. Das heißt, dass nicht nur die Kinder und Eltern, sondern auch die Lehrer damit belastet sind. .... möchte ich betonen, dass Kinder auf jeden Fall die Möglichkeit haben müssen, Schulen für Hochbegabte zu besuchen. Die Entscheidung liegt dann letztendlich bei den Eltern, Lehrern und Psychologen.

KONTRA

Da muss ich Ihnen ....! Ich sehe das .... Ich bin absolut nicht ...., dass durch spezielle Schulen die Probleme dieser Kinder gelöst werden. Es geht hier doch .... : Wenn diese Kinder eine andere Schule besuchen, dann werden sie noch mehr von ganz „normalen" Kindern isoliert. Ich ...., dass diese Kinder lernen müssen, sich an unser Schulsystem und auch an unsere Gesellschaft anzupassen. Meiner .... nach sollten sie in eine ganz „normale" Schule gehen. Außerdem gibt es die Möglichkeit, eine Klasse zu überspringen. Damit wäre das Problem gelöst.

LEKTION 4

zu Seite 50, 5

__7__   Schulrätsel → **WORTSCHATZ**

Ergänzen Sie die richtigen Schularten. Verwenden Sie dazu die Grafik
auf Seite 50 im Kursbuch.

a Alle Kinder gehen vier Jahre in die ☐☐☐☐☐☐|S|C|H|U|L|E|.

b Der kürzeste Weg zu einer Berufsausbildung führt über die
☐☐☐☐☐☐☐☐☐☐☐.

c Wenn man dann eine Lehre macht, muss man einmal pro Woche die
☐☐☐☐☐☐☐☐☐☐☐ besuchen.

d Mit dem Abschlusszeugnis einer ☐☐☐☐☐☐☐☐☐ oder
Wirtschaftsschule kann man eine Berufsausbildung beginnen oder in die
☐☐☐☐☐☐☐☐☐☐☐☐ gehen.

e Wenn man studieren möchte, muss man am ☐☐☐☐☐☐☐☐☐
das Abitur machen.

zu Seite 50,5

__8__   Schulen im Ausland → **WORTSCHATZ/LESEN**

Lesen Sie die Berichte deutscher Mädchen über ihre Schulerfahrungen
im Ausland. Setzen Sie die passenden Nomen in den Text ein. Welche
Nummer im Text entspricht welchem Nomen?

☐ Berufsausbildung   ☐ Schulhof   ☐ Hochschule   ☐ Klasse
☐ Lernen   ☐ Prüfung   ☑ Schule   ☐ Schüler
☐ Sprachkurs   ☐ Stunde   ☐ Unterricht

**Es muss nicht immer nur Deutschland sein. Wie wär's mit Kolumbien oder Japan?
Drei deutsche Mädchen erzählen über ihr Schuljahr im Ausland.**

Sophie, *18, Bogotá, Kolumbien*	**Klara**, *17, Stockholm, Schweden*	**Alexandra**, *17, Machida, Japan*
Jeden Morgen fahre ich mit dem Bus zur „Deutschen (1)". Ich nehme aber nicht am deutschsprachigen Unterricht teil, sondern gehe in die spanische (2). In Deutschland habe ich zwar einen (3) gemacht, aber trotzdem habe ich zuerst überhaupt nichts verstanden. Weil ich aber den ganzen Tag mit Kolumbianern zusammen bin, geht das (4) jetzt ganz schnell. Am Nachmittag, wenn der Unterricht zu Ende ist, treffe ich mich meist mit meinen neuen Freunden, und wir unternehmen etwas.	Das Schulsystem ist hier ganz anders aufgebaut als in Deutschland: Alle gehen bis zur neunten Klasse in die Grundschule. Dann folgen drei Jahre Oberschule, die man mit der Qualifikation für die (5) oder für eine (6) abschließen kann. Solange man ein guter Schüler ist, nimmt man es hier mit der Pünktlichkeit nicht so genau. Deshalb füllt sich die Klasse manchmal erst in der dritten (7). In der Mittagspause treffen sich fast alle Schüler draußen auf dem (8). Vor allem im Winter will man keinen der wenigen Sonnenstrahlen verpassen.	Ich fahre mit dem Rad zur Schule und trage dort, wie alle andern, eine schwarze Schuluniform. Im (9) kann ich noch nicht viel verstehen, deshalb beobachte ich meist meine Klassenkameraden. Hier ist es so, dass fast nur der Lehrer spricht und die (10) eigentlich nie diskutieren. Von Anfang an müssen die Schüler sehr viel leisten. Viele gehen nach dem Unterricht noch in eine Nachhilfeschule, um ihre Noten zu verbessern. Der Leistungsdruck lässt erst nach, wenn man die Aufnahme- (11) für die Uni dann endlich geschafft hat.

Zu Seite 50, 5

9   E-Mail → SCHREIBEN

Sie surfen im Internet und sprechen mit einer Schülerin / einem Schüler aus einem anderen Land. Sie/Er möchte etwas über Ihre Schule wissen. Berichten Sie über die Schule in Ihrem Land (Stundenplan, Fächer, Lehrer, Schultypen, Disziplin usw.).

Netscape - [GreenTech Corporation WWW Home Page]

File Edit View Go Bookmarks Options Directory Window Help

Also, Du willst etwas über die Schule in .... wissen? Gut. Zuerst erzähle ich Dir, wie unsere Schule aufgebaut ist:

....

....

....

Was mich total nervt: ....

....

Was ich toll finde: ....

....

zu Seite 52, 6

10   Lerntipp → LESEN

Lerntipp

Schlüsselwörter erkennen
Schlüsselwörter sind Wörter, die die wesentlichen Aussagen enthalten.
Um den Sinn eines Textes zu erfassen, muss man nicht jedes Wort verstehen.
Man kann mithilfe von Schlüsselwörtern den Text global verstehen.

a   Unterstreichen Sie in dem folgenden Text alle Schlüsselwörter.

Eine märchenhafte Schule

Aus einem tristen Schulkasten wird ein buntes Schloss.

Das Martin-Luther-Gymnasium in Wittenberg zeigt die Handschrift des Wiener Künstlers Friedensreich Hundertwasser, der in Neuseeland seinen Wohnsitz hatte. Die Schüler des Luther-Gymnasiums wurden nach der „Wende" befragt, wie sie sich ihre Traumschule vorstellen. Alle waren sich einig: bunt, rund und grün.

Der Schulleiter dachte sofort an den berühmten Künstler und nahm zu ihm Kontakt auf. Er legte ihm einige Schülerzeichnungen vor.

Hundertwasser gefiel die Idee so gut, dass er spontan zusagte, die Schule zu entwerfen. Er hat versucht, aus dem öden, langweiligen Schulkasten ein kleines „Schloss" zu machen: bizarre Fassaden, runde und ovale Fenster, kleine Türmchen, vergoldete Dächer und Kuppeln, auf denen Bäume und Pflanzen in den Himmel wachsen.

Seit dem 2. Mai 1999 steht nun die restaurierte Schule in Wittenberg und wird seither von zahlreichen Touristen aus der ganzen Welt bestaunt.

b Schreiben Sie alle Schlüsselwörter auf ein separates Blatt. Schließen Sie das Buch. Fassen Sie anhand Ihrer Schlüsselwörter den Inhalt des Artikels schriftlich in circa zehn Sätzen zusammen. Beginnen Sie so: *In Wittenberg gibt es eine märchenhafte Schule, die ...*

zu Seite 52, 8

11 Lerntipp → **GRAMMATIK**

Lerntipp

Tabellen
Oft kann man Grammatik gut in Tabellen darstellen.
Sammeln Sie Wörter, die zu einem Grammatikgebiet gehören, in einer Tabelle. Ergänzen Sie diese Tabelle immer wieder.

Ordnen Sie die folgenden Verben in die Tabelle unten ein.

fahren – sagen – denken – gehen – laufen – stehen – finden – bringen – sprechen – trennen – verlieren – kennen – wissen – kommen – bleiben – erkundigen – vergessen – fühlen – mitteilen – abbrechen – mögen – geben – reden – werden – nennen – schlafen – lachen

unregelmäßig	regelmäßig	Mischform
fahren, fuhr, gefahren	sagen, sagte, gesagt	denken, dachte, gedacht

zu Seite 52, 9

12 Lerntipp → **GRAMMATIK**

Lerntipp

Regeln selbst erstellen
Formulieren Sie „Ihre" Grammatikregeln selbst, damit Sie sie sich besser merken können. Schreiben Sie diese Regeln in ein Merkheft.

Ergänzen Sie die Regel und schreiben Sie sie in eigenen Worten in Ihr Merkheft.

Präteritum, Perfekt oder Plusquamperfekt?
a In der Alltagssprache verwendet man vor allem das ....Perfekt............ .
b Bei den Verben *haben* und *sein* und bei den Modalverben benutzt man das ....
c Geschriebene Texte sind meistens im .... formuliert.
d Wenn etwas in der Vergangenheit noch weiter zurückliegt, muss man das .... benutzen.

4

zu Seite 52, 9

__13__ Präteritum → GRAMMATIK

ⓐ Ergänzen Sie die Verben im Präteritum.

UMGEKEHRTER LEBENSLAUF

Er ....*war*.......... nicht mehr da.	sein
Er .... mit 70 Jahren.	sterben
Mit 69 .... er nicht mehr gut zu Fuß,	sein
und er .... viele Dinge.	vergessen
Mit 66 .... er für seine Frau	einkaufen
und .... lange Spaziergänge.	machen
Mit 65 .... er sich pensionieren.	lassen
Sein 60. Geburtstag .... groß gefeiert;	werden
die Kinder und drei Enkel	kommen
In seinem 52. Lebensjahr .... sein erstes	werden
Enkelkind geboren, ein Junge.	
Mit 48 .... er befördert und	werden
.... eine Sekretärin.	bekommen
Er .... mehr.	arbeiten
Mit 42 .... er und seine Frau, wie die	erleben
Kinder das Haus	verlassen
und	heiraten
Mit 38 .... er oft über den Lärm zu Hause.	klagen
Die Kinder .... ständig Freunde mit.	bringen
Er .... Überstunden. Ferien in Italien.	machen
Mit 35 .... er in eine neue Firma	eintreten
und .... mehr Gehalt.	bekommen
Mit 30 .... seine Frau und er eine Wohnung.	kaufen
Sie .... jetzt in einer Kleinstadt.	leben
Mit 25 .... er .... , Russisch zu lernen.	aufhören
Als er 23 war, ... seine Tochter geboren,	werden
ein Jahr früher sein Sohn.	
Mit 20 .... er.	heiraten
Mit 18 .... er ein Mädchen	kennenlernen
und .... in sie.	sich verlieben
Mit 17 .... seine Ausbildung beendet.	sein
Mit 14 .... er eine Lehre als Maschinenschlosser.	beginnen
Mit 10 .... er die Aufnahmeprüfung für	schaffen
die Realschule nicht.	
Mit 6 .... er in die Grundschule.	kommen
Er wurde geboren.	
Er war noch nicht da.	

ⓑ Schreiben Sie nun selbst einen umgekehrten Lebenslauf für eine bekannte Persönlichkeit oder eine fiktive Person. Verwenden Sie das Präteritum.

LEKTION 4

zu Seite 52, 9

14   Gedicht → **GRAMMATIK**

a Lesen Sie das folgende Gedicht und ergänzen Sie die passenden Verben im Präteritum.

kochen – schwimmen – lesen – schreiben – singen – kommen – essen

Die Sonne schien. Der Tag fing an.

Er schlief sehr lang.	Sie stand früh auf.
Er wusch sich nicht.	Sie ....*schwamm*......... im Pool.
Er .... Kaffee.	Sie .... ein Ei.
Er sah hinaus.	Sie saß im Garten.
Er .... ein Lied.	Sie wurde krank.
Er rief sie an.	Sie sprach nicht viel.
Er ging zu ihr.	Sie .... ein Buch.
Er brachte Tee.	Sie trank ihn nicht.
Er lud sie ein.	Sie .... zu spät.
Er gab ihr Wein.	Sie blieb nicht lang.
Er schrieb ihr viel.	Sie .... ihm nie.
Er dachte an sie.	Sie fuhr nach Rom.

b Wie könnte die Geschichte der beiden weitergehen?

c Schreiben Sie das Gedicht zu Ende.
Lesen Sie nun das Ende. Finden Sie es überraschend? Warum (nicht)?

Er verstand sie nicht.	Sie schwieg zu lang.
Er flog zu ihr.	
Er kam nie an.	
Er starb zu früh.	Sie weinte lang.

Und nichts begann.

zu Seite 52, 10

15   Perfekt mit *sein* oder *haben*? → **GRAMMATIK**
Bilden Sie Sätze im Perfekt.
Beispiel: Er – bei seinen Großeltern – aufwachsen
     Er ist bei seinen Großeltern aufgewachsen.

a Der Lehrer – die Klassenarbeit – zurückgeben

b Schüler – in der Pause – im Klassenzimmer – bleiben

c Sabine – im Schwimmbad – vom Drei-Meter-Brett – springen

d Meine Eltern – über das Zeugnis – sich freuen

e Er – im Unterricht – einschlafen

f Ich – in den Ferien – endlich mal wieder – ausschlafen

g Wir – mit unserer Klasse – nach Österreich – fahren

h Seine Noten – besser – werden

i Die Familie – in die Schweiz – umziehen – und – er – Schule – wechseln

j Er – fauler Schüler – sein. Deshalb – sitzen bleiben

LEKTION 4

zu Seite 52, 10

16 Extreme Situationen → GRAMMATIK/SPRECHEN

ⓐ Wählen Sie eine Situation aus.

ⓑ Was ist vorher passiert? Was passiert danach? Erzählen Sie, wie die Leute
in diese Situation gekommen sind und wie sie gerettet wurden.
Erzählen Sie im Perfekt.

zu Seite 53, 3

17 Korrektur: Persönlicher Brief → SCHREIBEN

ⓐ Verbessern Sie die unterstrichenen Stellen.

Heidelberg, den 5. 8. 20. .

Liebe Nicola,

wie geht es Dir? Ich hoffe, gut. Ich <u>bin leider</u> nicht so gut.   *Mir geht es leider nicht so gut.*
Wie <u>Du weißt</u> ja, bin ich <u>vor</u> zwei Monaten in Heidelberg und
lerne an einer Sprachenschule Deutsch. Aber ich habe es mir nicht
so schlimm vorgestellt. Ich hatte das Gefühl, nichts zu lernen.
Die deutsche Grammatik ist so schwer, und am schlimmsten ist es
für mich zu sprechen. Außerdem <u>kennenlerne</u> ich keine Deutschen
und bin immer nur mit den Schülern aus meiner Schule zusammen.
Alles ist schwer für mich, nicht nur die Sprache, sondern auch die
Kultur, das Leben hier. Ich kann mich einfach nicht an das Essen
gewöhnen. Na ja. Ich hoffe, <u>damit</u> sich das ändern wird.
Ich werde mir Mühe geben. Meine Mittagspause ist zu Ende.
Ich <u>musste</u> jetzt ins Sprachlabor.
So, jetzt <u>ich habe</u> nur von mir erzählt und furchtbar gejammert.
Tut mir leid, aber ich musste mit jemandem sprechen. Das hat
mir schon viel <u>helfen</u>.
Meine liebe Nicola, schreib mir bald einmal. Ich hoffe, dass wir
uns bald mal sehen können. Ich freue mich riesig auf Deinen Brief.

Deine Etsuko

ⓑ Schreiben Sie zu folgenden Punkten einen Antwortbrief.
Benutzen Sie die Redemittel in Ihrem Kursbuch auf Seite 53.
- Bedanken Sie sich für den Brief. Sie machen sich Sorgen.
- Sie verstehen das Problem.
- Sie berichten von eigenen Erfahrungen.
- Sie geben Etsuko Ratschläge.
- Sie laden Etsuko zu einem Besuch am Wochenende ein, damit sie
  auf andere Gedanken kommt.

LEKTION 4

zu Seite 54, 5

__18__ Nicht trennbare Verben → WORTSCHATZ

Kreuzen Sie das richtige Wort an.

a Ich habe meinen Job verloren.
Mein Chef hat mich
☐ verlassen.
☒ entlassen.
☐ gelassen.

b Können Sie mir sagen, wie
ich zum Stephansdom komme?
Ich habe mich
☐ entlaufen.
☐ zerlaufen.
☐ verlaufen.

c Er hat sich lange
mit dem Dativ
☐ verfasst.
☐ befasst.
☐ erfasst.

d Er ist in einen
Verkehrsunfall
☐ geraten.
☐ verraten.
☐ erraten.

e Der Arzt hat mir ein
Medikament
☐ verschrieben.
☐ geschrieben.
☐ beschrieben.

f Gott sei Dank
habe ich die Prüfung
☐ bestanden.
☐ verstanden.
☐ entstanden.

g Die Zeit ist
so schnell
☐ begangen.
☐ entgangen.
☐ vergangen.

h Seine Noten sind so
schlecht. Er wird nicht
in die nächste Klasse
☐ besetzt.
☐ versetzt.
☐ ersetzt.

i Ich habe 13 Jahre
lang die Schule
☐ ersucht.
☐ besucht.
☐ gesucht.

zu Seite 55, 6

__19__ Wortbildung: Nicht trennbare Vorsilben *ver-* und *zer-* → WORTSCHATZ

Welches Nomen passt zu welchem Verb?

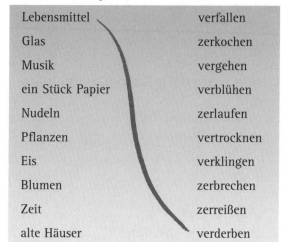

Lebensmittel	verfallen
Glas	zerkochen
Musik	vergehen
ein Stück Papier	verblühen
Nudeln	zerlaufen
Pflanzen	vertrocknen
Eis	verklingen
Blumen	zerbrechen
Zeit	zerreißen
alte Häuser	verderben

zu Seite 55, 7

__20__ Trennbare und nicht trennbare Verben → GRAMMATIK

Bilden Sie die dritte Person Singular und ordnen Sie die Verben zu.

abholen – anfangen – anrufen – ansehen – aufrufen – ausfallen –
beginnen – bestellen – einkaufen – einladen – empfehlen – entlassen –
entscheiden – erklären – erzählen – gefallen – gelingen – misstrauen –
mitarbeiten – nachsehen – umziehen – versetzen – versprechen –
verstehen – vorwerfen – weggehen – zerstören – zumachen

trennbar	nicht trennbar
er holt ... ab	er bestellt

zu Seite 55, 8

__21__ Trennbar oder nicht trennbar? → GRAMMATIK/WORTSCHATZ

Ergänzen Sie die passenden Verben in der richtigen Form.

abschreiben – aufschreiben – mitarbeiten – ~~verstehen~~ –
verschlafen – vorbereiten – aufpassen – zuhören

Ein „schlechter" Schüler ...

a .... *versteht* .... die Übungen nicht .... – ...., weil er
nicht .... hat.

b kommt zu spät, weil er .... hat.

c .... im Unterricht nicht .... und meldet sich nie.

d .... bei Klassenarbeiten vom Nachbarn ....

e .... neue Wörter nicht in seinem Heft ....

f .... sich nie auf eine Klassenarbeit ....

g .... nicht ...., wenn die Lehrerin etwas sagt.

aufgeben – erklären – betreten – begrüßen – beginnen – verbessern –
aufrufen – verstehen – abfragen – besprechen

Ein „guter" Lehrer ...

a .... die Klasse ...., wenn er das
Klassenzimmer ....

b .... nicht zu viel Hausaufgaben für den nächsten
Tag ....

c .... die Grammatik mit Beispielen ....

d .... die Hausaufgaben ....

e .... neue Vokabeln ....

f .... alle Schüler ...., nicht nur die guten
oder die schlechten.

g .... auch mal Spaß ....

h .... den Unterricht pünktlich ....

i .... die Fehler mit den Schülern ....

__1__

LERNER-CD 13

Betonung von trennbaren und nicht trennbaren Verben.

Sie hören jeweils sechs Verbpaare. Unterstreichen Sie beim Hören die Akzentsilbe. Was passiert mit dem Akzent?

trennbar		nicht trennbar	
schreiben	abschreiben	setzen	versetzen
passen	aufpassen	grüßen	begrüßen
schauen	anschauen	reißen	zerreißen
arbeiten	mitarbeiten	fallen	gefallen
sehen	nachsehen	schreiben	unterschreiben
hören	zuhören	fehlen	empfehlen

__2__

LERNER-CD 14

Trennbar?

Hören Sie acht Sätze. Unterstreichen Sie beim Hören die Akzentsilbe im Verb. In welcher Spalte befinden sich die trennbaren Verben?

- Die Polizei musste das Auto durchsuchen.
- Wir wollen in den Ferien ganz viel unternehmen.
- Ich würde dich so gerne umarmen.
- Ich muss die Vokabeln wiederholen.
- Wir müssen bis morgen den Artikel durchlesen.
- Wir haben die Sonne untergehen sehen.
- Ich muss den Pullover umtauschen.
- Müssen wir den Elektriker schon wieder holen?

__3__

LERNER-CD 15

Der Wortakzent

Hören Sie diese Wörter. Unterstreichen Sie die betonten Silben. Lesen Sie dann die Wörter laut.

Tasche	Schultasche	Tisch	Schreibtisch
Stift	Bleistift	Zimmer	Lehrerzimmer
Buch	Notizbuch	Gummi	Radiergummi
Kurs	Intensivkurs	Stunde	Mathematikstunde

__4__

Regeln zum Wortakzent

Sehen Sie sich die Aufgaben 1 bis 3 an und ergänzen Sie die Regel mit Beispielen.

Wortakzent	Beispiele
■ Liegt normalerweise auf der ....*ersten*.... Silbe.	*Zimmer,* ....
■ Bei Komposita wird das .... Wort betont.	*Lehrerzimmer,* ....
■ Bei Fremdwörtern wird oft .... betont.	*Intensivkurs,* ....
■ Bei Verben mit trennbaren Vorsilben wird .... betont.	*abschreiben,* ....
■ Bei Verben mit nicht trennbaren Vorsilben wird .... betont.	*versetzen,* ....
■ Bei Wörtern, die auf -ier(en) enden, wird .... betont.	*radieren,* ....

__5__

LERNER-CD 16

Wortakzent: Brummen

a Hören Sie die folgenden „gebrummten" Wörter. Um welches Wort handelt es sich jeweils? Beispiele: *hmhmhmhm – Kindergarten; hmhm – Noten*

Lineal – Grundschule – lernen – Klassenarbeit – Federmäppchen – Erdkunde – Mitarbeit

b „Brummen" Sie nun selbst die Wörter. Die anderen raten, um welches Wort es sich handelt.

Lernkontrolle: Was haben Sie in diesem Kapitel gelernt?

Kreuzen Sie an.

Ich kann ...

Lesen

☐ ... die Informationen in einem Text über das deutsche Schulsystem verstehen und mit einem Schaubild vergleichen.

☐ ... in einer Erzählung dem schulischen und beruflichen Werdegang dreier Freunde folgen und die indirekte Kritik am Schulsystem darin erkennen.

☐ ... die Gedanken und Gefühle der Hauptfigur aus einer literarischen Textpassage herausfinden.

Hören

☐ ... einem Interview mit einer Schülerin zum Thema *Zeugnisse* die Hauptinformationen entnehmen.

☐ ... unterschiedliche Meinungen und Argumente zum Thema *Schuluniformen* verstehen.

Schreiben – Produktion

☐ ... beschreiben, wie ein Zeugnis meiner letzten Schule aussieht.

☐ ... in einer E-Mail über eine typische Schule in meinem Heimatland berichten.

Schreiben – Interaktion

☐ ... Verständnis für die Schulprobleme einer Brieffreundin zeigen und ihr Ratschläge geben.

Sprechen – Interaktion

☐ ... in einer Podiumsdiskussion zum Thema *Schuluniform* eine Meinung vertreten und diese mit Argumenten unterstützen.

Wortschatz

☐ ... Schulfächer benennen und charakterisieren.

☐ ... Verben und Adjektive zum Thema *Schule und Leistung/Noten* korrekt anwenden.

Grammatik

☐ ... die Vergangenheitsformen regelmäßiger und unregelmäßiger Verben korrekt benutzen.

☐ ... die Bedeutung verschiedener Verben mit Vorsilben verstehen und diese richtig bilden und verwenden.

Sprechen Sie mit Ihrer Kursleiterin / Ihrem Kursleiter über Tipps zum Weiterlernen.

Verben

anbieten
backen
bestellen
braten
erhitzen
füllen
gießen
kleben
kochen
rühren
schälen
schlagen
schmecken
schütteln
servieren
sich amüsieren
sich treffen mit + *Dat.*
vermischen
verpacken
verteilen
zubereiten

Nomen

die Auswahl an + *Dat.*
die Bar, -s
die Beilage, -n
das Bistro, -s
das Büfett, -s
die Diskothek, -en
die Einrichtung, -en
der Feinschmecker, -
das Frühstück, -e
der Gast, ̈-e

das Gericht, -e
der Geschmack, ̈-e
das Getränk, -e
die Hauptspeise, -n
das Kabarett, -s
das Kilo, -s
die Kneipe, -n
die Kritik, -en
die Küche, -n
das Lebensmittel, -
das Lieblingsgericht, -e
das Lokal, -e
die Mahlzeit, -en
das Menü, -s
das Mixgetränk, -e
der Nachmittagskaffee, -s
die Nachspeise, -n
der Nachtisch, -e
das Nationalgericht, -e
der Pilz, -e
das Rezept, -e
der Service
die Speise, -n
die Speisekarte, -n
die Spezialität, -en
der Teelöffel, -
der Tropfen, -
der Vegetarier, -
die Vorspeise, -n
die Zubereitung, -en
die Zutat, -en

Adjektive/Adverbien

abwechslungsreich

ausgezeichnet
bitter
dunkel
fest
flüssig
frisch
fruchtig
geschmackvoll/-los
günstig (un-)
kräftig
prima
saftig
salzig
sauer
scharf
versalzen
würzig

Ausdrücke

auf der Strecke bleiben
auf kleiner Flamme kochen
bis auf den letzten Platz
  besetzt sein
das höchste Lob verdienen
das lässt zu wünschen übrig
das versteht sich von selbst
eine Kleinigkeit essen
einsame Spitze sein
etwas unter Beweis stellen
Nachtschwärmer sein
sein Geld (nicht) wert sein
sich köstlich amüsieren
Wert legen auf + *Akk.*
zu kurz kommen

5

__1__   Wörterschlangen → **WORTSCHATZ**

„Was kann man essen oder trinken?"

Sagen Sie ein Wort. Der nächste Schüler muss mit dem letzten Buchstaben
ein neues Wort bilden.
Beispiel: *Getränk, Kuchen, Nachspeise ...*

Derjenige, dem kein Wort mehr einfällt, scheidet aus dem Spiel aus.
Gewonnen hat, wer am Ende übrig geblieben ist.
Sie können den Wortschatz eingrenzen, z.B. nur Adjektive zum Thema *Essen*
oder *Was gibt es in einer Bar?* zulassen.

LEKTION 5

zu Seite 59, 1

2   Lerntipp → LESEN

a   Wie haben Sie die Aufgabe auf Seite 59 im Kursbuch gelöst?
Kreuzen Sie an.

☐ Ich habe zunächst die Beschreibungen der Personen gelesen und dann
die Anzeigen Wort für Wort durchgearbeitet. Dann habe ich zugeordnet.

☐ Ich habe zunächst die Anzeigen und dann die Personenbeschreibungen
Wort für Wort durchgelesen. Dann habe ich zugeordnet.

☐ Ich habe jeweils eine Personenbeschreibung gelesen, dann die Anzeigen
überflogen und gezielt nach der Information gesucht, die ich brauche.

Wenn Sie die dritte Möglichkeit angekreuzt haben, haben Sie selektiv gelesen.

> **Selektives Lesen**
> Bei manchen Textsorten, wie z. B. Anzeigen oder dem Fernsehprogramm,
> möchte man möglichst schnell nur ganz bestimmte Informationen
> herausfinden. Dafür muss man nicht den ganzen Text Wort für Wort lesen,
> sondern ihn nur nach den wichtigen Signalen absuchen.

Lerntipp

b   Unterstreichen Sie nun in den Anzeigen auf Seite 59 (Kursbuch) die
Signale im Text, die für die Lösung der Aufgabe wichtig sind.

c   Sehen Sie sich die Anzeigen unten an und entscheiden Sie, welche
Personen wohin gehen. Unterstreichen Sie dazu die wichtigen Signale
in den Anzeigen.
Die folgenden Personen wollen nach dem Essen noch etwas
unternehmen. Wohin können sie gehen? Nicht alle Personen finden
ein passendes Lokal.

1   Klaus und Norbert möchten noch in eine Disco gehen.
Sie lieben Techno-Musik.

2   Herr und Frau Burkhard wollen noch eine Tasse Kaffee trinken
und dabei draußen sitzen.

3   Diana und Heidi haben noch Lust auf einen Cocktail.

4   Herr Bauer würde gern in einem Biergarten sitzen.

A FAST FOOD THEATER IMPROVISATION
Heute 20.30 Uhr
Fast Food Theaterhaus · Tel. 26 39 86

B HEUTE IM TITANIC CITY
Techno und House-Party
One-O-Tone-Gang
Sa 21.3. · 21.00 - 4.00

C KALIBAR
Täglich bis 21.00 Uhr
HAPPY HOUR
Kunstpark Ost · Tel. 49 00 33 12

D SEEHAUS IM ENGLISCHEN GARTEN
direkt am
Kleinhesseloher See
Restaurant, Pavillon und
großzügige Terrasse
Kleinhesselohe 3/im Englischen Garten, Telefon 38 16 13-0

LEKTION 5

zu Seite 61, 2

__3__   Frühstücken in Deutschland → WORTSCHATZ/SCHREIBEN

a Lesen Sie den Text und setzen Sie folgende Wörter ein.

Kaffee – Joghurt – Obst – Wurst – Essen – frühstücken –
Konfitüre – Frühstück – Frühstücksservice – ausgiebig

Doping für den ganzen Tag
Richtig frühstücken – so viel Zeit muss sein

Nur noch zwei Prozent der Frauen und ein Prozent der Männer tun es
morgens im Bett – und dann nur an verregneten Sonntagen:
.......*frühstücken*........ . Das ergab eine Umfrage des Magazins „Der Feinschmecker". Die Zeiten sind vorüber, als man noch mal unter die Decke
schlüpfte und mit Kaffee und .... auf die Kissen kleckс-
te. Das .... im Bett ist vom Aussterben bedroht. Überhaupt: Essen zur Morgenstund' ist reine Geschmackssache. Mehr als die
Hälfte aller Deutschen frühstückt zwar nach wie vor .... ,
von den 16- bis 24-Jährigen essen 15 Prozent jedoch zum Tagesbeginn
„so gut wie nie" und 38 Prozent nur „im Stehen". „Keiner hat mehr Zeit
zum .... oder Einkaufen. Der allgemeine Trend geht
zum ‚Fast Food'", findet Werner Schuster. Ihm kann's recht sein, er
betreibt in München einen .... „Man muss nicht direkt
nach dem Aufstehen etwas essen", meint Andrea Dittrich vom Deutschen
Institut für Ernährungsforschung in Potsdam. „Aber ein Frühstück ist
wichtig für einen guten Start in den Tag. Die Zusammensetzung des
Frühstücks ist ebenfalls wichtig: Milchprodukte (Quark oder
....), ein wenig frisches .... und nicht
so viel Fett, das sich in Käse oder .... versteckt. Vom
Frühstücksmodell Zigarette plus .... rate ich dringend
ab. Das bringt dem Körper nichts."

b Was frühstückt man in Ihrer Familie? Schreiben Sie fünf Sätze zu dem
Thema „Ein typisches Frühstück bei uns zu Hause".

zu Seite 61, 2

__4__   Spiel: Was kann man essen oder trinken? → WORTSCHATZ

Spiel

Bilden Sie gleich große Gruppen. Jede Gruppe bekommt ein Stück
Papier. Es sollen darauf Wörter zum Wortfeld „Essen und Trinken"
geschrieben werden. Die Kursleiterin / Der Kursleiter legt die Anzahl
der Buchstaben, die ein Wort mindestens haben muss, fest und sagt
einen Anfangsbuchstaben. Die erste Teilnehmerin / Der erste Teilnehmer schreibt einen weiteren Buchstaben auf das Papier und gibt es
an die Nachbarin / den Nachbarn weiter. Diese/r schreibt noch einen
Buchstaben dazu. Dabei darf nicht gesprochen werden.
Die Gruppe, die zuerst ein Wort geschrieben hat, ruft laut „Stopp!"
und bekommt einen Punkt, wenn das Wort korrekt ist. Man kann auch
andere Fragen stellen. (Beispiele: Was gibt es in einer Küche?
Was sieht man in einem Restaurant? Was brauche ich zum Kochen?)

zu Seite 63, 5

___5___ Meine Lieblingskneipe → **WORTSCHATZ**

a Ordnen Sie die Sätze unten den folgenden Stichwörtern zu.

☐ Einrichtung ☐ Service ☐ Essen ☐ Trinken ☐ Atmosphäre
☐ Lage ☑ Publikum ☐ Bedienung ☐ Musik

1 Meine Lieblingskneipe liegt in der Stadtmitte, und man kann sie gut mit der U-Bahn erreichen.

2 Ich mag vor allem die schönen, antiken Möbel. Das Lokal ist wirklich geschmackvoll und liebevoll ausgestattet.

3 Die Auswahl auf der Speisekarte ist groß. Man findet immer etwas Passendes. Und die Preise sind vernünftig. Das ist die Hauptsache.

4 Was mir auch gefällt, ist, dass man ganz unterschiedliche Leute treffen kann.

b Schreiben Sie zu den restlichen Stichpunkten selbst ein paar Sätze.

zu Seite 63, 5

___6___ Kebab Connection → **LESEN**

Lesen Sie die Inhaltsangabe zum Film und lösen Sie dann die folgende Aufgabe. Kreuzen Sie an.

	richtig	falsch
a Der Film ist eine Komödie.	☐	☐
b Der Film spielt in der Türkei.	☐	☐
c Ibos Onkel hat eine Imbissbude.	☐	☐
d Ibo wird berühmt, weil er einen Kung-Fu-Film dreht.	☐	☐
e In Ibos Familie gibt es Konflikte wegen Ibos deutscher Freundin.	☐	☐
f Ibo sind die Probleme egal. Hauptsache, er kann Filme machen.	☐	☐
g Es geht in dem Film um das Zusammenleben von Türken, Deutschen und Griechen.	☐	☐

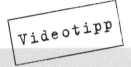

KEBAB CONNECTION

Deutschland 2005 *Regie:* **Anno Saul** *Länge:* **95 Minuten**

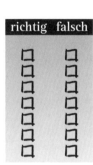

Ibo, ein chaotischer Hamburger Türke und absoluter Bewunderer von Bruce Lee, wünscht sich nichts mehr im Leben, als den ersten deutschen Kung-Fu-Film zu drehen.

Mit einem Werbespot für die Imbissbude seines Onkels wird er über Nacht zum heimlichen Star seines Viertels und wird als neuer Steven Spielberg gefeiert.

Die Schwangerschaft seiner Freundin Titzi bringt sein Leben dann aber gehörig durcheinander. Erst zeigt Ibos Vater Mehmet ihm die rote Karte, weil die Mutter seines Kindes keine Türkin ist. Ibo ist weit davon entfernt, sich auf die Vaterrolle vorzubereiten, und muss deshalb bei Titzi ausziehen.

Ihm bleiben nur noch seine Freunde und die Werbespots. Und das Gefühl, dass er sein altes Leben wiederhaben will – vor allem Titzi, aber auch den Vater und am liebsten die ganze Familie ...

Kebab Connection – eine Familienkomödie, voll mit leckeren Dönern, gewürzt mit türkischem, griechischem und deutschem Temperament, witzigen Filmzitaten und das Ganze verfeinert mit Kung-Fu-Szenen!

zu Seite 64, 2

_7_   Nachtleben → LESEN

Ordnen Sie die folgenden Fragen den Abschnitten des Zeitungsartikels zu.

Wie wird gearbeitet? – Warum wurde der Service eingerichtet? –
Worum geht es? – Wie kommt man an die Information?

Nachtleben: Geheimtipps im Internet

1 Gute Zeiten für Nachtschwärmer – vorerst nur in München. Im
Internet Magazine X3 unter www.x3-magazine.com bekommt man
rund um die Uhr super Einblicke ins lokale Szene- und Disco-Leben.
Aktuelle Ereignisse, geänderte Anfangszeiten, heiße Insider-Partys:
Mit dem Gratis-Service von René, 20, und Didi, 23, ist man optimal
informiert.

2 Wir fragten die rasenden Reporter, wie's funktioniert. „Als begeister-
te Szenegänger haben wir uns früher oft geärgert, zur falschen Zeit
im falschen Klub zu sein. Da kamen wir auf die Idee, live zu recher-
chieren, was läuft.

3 Seit zwei Jahren ziehen wir circa zehnmal im Monat nachts mit
Digitalfotokamera, Laptop und Handy durch die Klubs, informieren
uns minutenschnell über Stimmung, Musik, Publikum und geben
die brandheißen Geheimtipps und sogar Live-Bilder ins Internet.
Zwar kommen wir meist erst um sechs Uhr ins Bett – und jobben
ja auch noch nebenher, weil wir den Szene-Service bislang umsonst
machen –, aber wir haben jede Menge Spaß.“

4 Wer zu Hause keinen Internet-Anschluss hat, kann die Party-News
auch bei Info-Terminals der Münchner U-Bahn abrufen. Das X3-
Magazin bietet rund um die Uhr 1000 tolle Veranstaltungs- und
Gastronomieneuigkeiten.

5

zu Seite 64, 3

_8_   Lerntipp → LESEN

Lerntipp

Internationalismen, Deutsch international
Manche Wörter sind ganz leicht zu verstehen, weil sie in
vielen anderen Sprachen ähnlich oder gleich lauten.
Diese Wörter helfen Ihnen, Texte zu verstehen.

ⓐ Suchen Sie in der Wortschatzliste auf Seite 61 alle internationalen
Wörter heraus. Tragen Sie sie in die Tabelle ein und schreiben Sie das
entsprechende Wort in Ihrer Muttersprache dazu.

	in meiner Sprache
die Bar, -s	

ⓑ Lesen Sie den folgenden Text und markieren Sie alle „internationalen"
Wörter. Ergänzen Sie anschließend die Liste.

Hübsche Hamburger

Arno Manthei, 27, aus Düsseldorf ist <u>Food-Stylist</u>, das heißt, er sorgt dafür, dass die Hamburger auf Plakaten so gut aussehen, wie sie aussehen sollten.

Was ist für dich Perfektion?
Qualität. Und Qualität kommt von quälen.

Warum das?
Jedes Detail muss stimmen, damit die Produkte auf den großen Plakaten lecker aussehen. Alle Zutaten müssen ganz frisch sein, der Käse goldgelb und der Salat knackig; der Ketchup wird angeleuchtet, damit er richtig rot aussieht. Und wenn zwischen den Sesamkörnchen auf dem Burgerdeckel eine Lücke ist, müssen eben Körner reingeklebt werden.

Das ist ja interessant.
Wir verwenden nur Originalprodukte. In der Modebranche werden den Leuten auch toll gestylte Mädchen vorgesetzt. Da ist es harmlos, die Burger nur vorsichtig zusammenzusetzen und vorteilhaft auszuleuchten.

Wie funktionieren deine Tricks?
Das ist ein Berufsgeheimnis. Ich habe zwei Jahre gebraucht, um herauszufinden, wie man Eis so präpariert, dass es im Scheinwerferlicht nicht gleich schmilzt. Das werde ich doch der Konkurrenz nicht verraten.

Wie bist du dazu gekommen, Burger zu stylen?
Schon während meiner Ausbildung zum Koch habe ich mir gern schön fotografiertes Essen angesehen. Über eine Freundin habe ich dann einen Fotografen kennengelernt, der Bilder von Burgern machen sollte. Ich war sofort begeistert.

Wie viele Food-Stylisten gibt es in Deutschland?
Etwa 40, glaube ich. Es ist ganz schön hart, da reinzukommen. Es gibt ja auch keine Ausbildung. Das ist eine absolute Marktlücke.

zu Seite 65, 4

__9__   Lerntipp → **GRAMMATIK**

Textgrammatik
Wenn Sie einen Text lesen, dann achten Sie auf die Elemente, die die Sätze zu einem Text verbinden. Dazu zählen: Pronomen, Adverbien und Synonyme. Dadurch können Sie den logischen Textzusammenhang besser verstehen.

Im folgenden Artikel sind alle satzverbindenden Pronomen, Adverbien und Synonyme unterstrichen. Worauf beziehen sie sich?
Beispiel: Fast Food ⟶ *Currywurst mit Pommes, Hamburger und Frikadellen*

Trend zum Fast Food

<u>Currywurst mit Pommes, Hamburger und Frikadellen</u> sind lecker, schnell und billig. Der Gang zur Imbissbude wird immer beliebter. Ernährungswissenschaftler sind entsetzt über <u>die neue Esskultur</u>. <u>Ihrer</u> Meinung nach essen die Menschen in den Industrieländern katastrophal ungesund: zu fett und kalorienreich. Übergewicht und zunehmende Krankheiten sprechen Bände. Die empfohlene Ernährungsformel: 13 Prozent Eiweiß, maximal 30 Prozent Fett, der Rest Kohlenhydrate und natürlich viele Vitamine. <u>Das</u> heißt: Höchstens ein- bis zweimal die Woche Fleisch oder Fisch, ansonsten Obst und Gemüse.

Die Asiaten richten sich noch am ehesten nach <u>dieser Regel</u>. <u>Dort</u> sind Reis und Gemüse die wichtigsten Lebensmittel.

In Europa essen Franzosen und Italiener am vernünftigsten. <u>Die mediterrane Kost</u> ist ziemlich gesund: Olivenöl, Nudeln und viel Gemüse, viele Vitamine und wenig Fett.

LEKTION 5

zu Seite 65, 4

10 Vom Satz zum Text → GRAMMATIK

Schreiben Sie den folgenden Text um. Ersetzen Sie die kursiv gedruckten Wörter durch Pronomen, Adverbien oder Synonyme.

Du, stell dir vor, was mir letzte Woche passiert ist! Wie du weißt, bin ich ja momentan total im Stress. Trotzdem habe ich gedacht, Spaß muss sein, und habe beschlossen, ein wenig auszugehen. Also habe ich Eva und Nicola angerufen und mich mit *Eva und Nicola* verabredet. Du kennst *Eva und Nicola* ja auch, oder? Wir wollten uns um 21 Uhr im Metropolitan treffen. Ich bin dann auch pünktlich *im Metropolitan* gewesen. Aber *Nicola und Eva* waren wie immer unpünktlich. Also habe ich mich allein an die Bar gestellt und eine Margherita bestellt. Du wirst es mir nicht glauben, wer auch *an der Bar* stand, direkt neben mir! Brad Pitt[1]! Du weißt ja vielleicht, dass *Brad Pitt* eine Freundin in München hat. *Die Freundin von Brad* hat den Film „Abgeschminkt" gedreht. Na ja, auf jeden Fall wurde ich zusehends nervöser, weil ich gern mit *Brad* reden wollte. Aber wie sollte ich das anstellen? Während ich mir krampfhaft überlegte, was ich machen sollte, kam *die Freundin von Brad Pitt* auf Brad zu, und die beiden verließen das Lokal.

[1]US-amerikanischer Schauspieler

zu Seite 66, 4

11 Passiv → GRAMMATIK

a Lesen Sie den Text.

b Unterstreichen Sie alle Verben im Passiv.
Ordnen Sie die Verben in den Kasten im Kursbuch Seite 66 (Aufgabe 4) ein.

Abschnitt 1
Muss etwa jedes Salzkörnchen einzeln auf den Salzstangen festgeklebt werden? Na ja, wohl kaum!
Natürlich braucht man erst mal Salzstangen. Und diese Stangen bestehen aus einem Teig aus Wasser, Mehl, Hefe, Salz, Malz und Fett.

Wenn die Salzstangen in der Fabrik hergestellt werden, sind die Zutaten in riesigen Bottichen. Und der Teig wird in einer großen Maschine gemixt.
Der Teig wird anschließend zwischen den Walzen platt gedrückt und durch kleine Löcher gepresst. Und auf der anderen Seite der Walzmaschine kommen dann lange und dünne „Teigwürste" heraus. Sie sehen aus wie Spaghetti.

Abschnitt 2
Aber wo bleibt das Salz? Das kommt später! Zunächst laufen die dünnen „Teigwürste" noch durch ein Natronlaugen-Bad, das den Salzstangen ihren Geschmack gibt. Außerdem wird der Teig dadurch schön nass.
Nach dem Laugenbad werden die „Teigwürste" auf die richtige Länge geschnitten; dann haben die Salzstangen schon ihre spätere Größe.

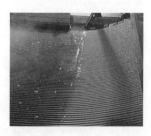

AB 67

Nur das Salz fehlt immer noch ...
Und jetzt endlich werden die Stangen zu Salzstangen: Die Salzkörnchen fallen von oben auf den
Teig, und weil der nass ist, bleiben die Salzkörner
daran kleben. Jedes Korn, das keine Salzstange getroffen hat, fällt durch das Backgitter hindurch
und wird automatisch oben wieder nachgefüllt.

Abschnitt 3
Die gesalzenen Stangen laufen durch einen riesigen
Backofen. 400 Grad heiß ist es darin, und schon
nach wenigen Minuten sind die Salzstangen fertig
gebacken. Durch die Hitze sind die Salzstangen
hart und ganz braun geworden. Jetzt können sie
verpackt werden.
Und was denkt ihr, wie viele Salzstangen hier auf
diese Art pro Stunde hergestellt werden können?
Es sind etwa eine Million! Na dann: Viel Spaß beim
Knabbern!

zu Seite 66, 4

__12__ **Bildung des Passivs** ⟶ **GRAMMATIK**
Ergänzen Sie die Regeln.

a Das Passiv wird aus einer Form des Verbs ....*werden*........ und einem
.... gebildet.
b Der zweite Verbteil steht gewöhnlich in ....position.
c Die Partizip-II-Form von *werden* lautet im Passiv ....
d Beim Passiv mit Modalverb steht in der Endposition ein *Infinitiv
Passiv*. Man bildet ihn aus der ....-Form eines Verbs und
dem .... des Verbs *werden*.

zu Seite 66, 4

__13__ **Die Erfindung des Butterbrots** ⟶ **GRAMMATIK**
Ergänzen Sie das Partizip II.

Die Erfindung des Butterbrots

Das Butterbrot ist im späten Mittelalter ....*erfunden*............ worden.
Das hat der Volkskundler Günter Wiegelmann von der Universität
Münster .... In seiner Studie über Tischkultur im
Hanseraum wird ...., dass „die Sitte, Brotscheiben mit
Butter zu bestreichen", nicht vor dem 14. Jahrhundert entstehen
konnte. Denn erst in der damaligen Hansezeit habe sich das Salzen
der Butter als Konservierungsmethode .... Früheste
Spuren des Butterbrots wurden in Verordnungen des Bremer Krameramts
von 1339 .... Zehn Jahre danach nannte sich ein Ros-
tocker Bertoldus Botterbroth, stellte Wiegelmann fest. Von Martin Luther
wurde die „Putterpomme" dann 1525 als gute Kindernahrung
.... Im 18. Jahrhundert wurden die beleg-
ten Weißbrotscheiben vom 4. Earl of Sandwich schließlich bekannt
....

| |
| erfinden |
| |
| herausfinden |
| berichten |
| |
| |
| durchsetzen |
| |
| entdecken |
| |
| |
| beschreiben |
| |
| machen |

zu Seite 66, 4

__14__ Passiv → GRAMMATIK

Suchen Sie das richtige Wort und ergänzen Sie dann *werden*
im Präsens und das Partizip II.

schreiben – erwarten – beschreiben – pressen – herstellen – ~~essen~~ – zubereiten –
schneiden – bedienen – kochen – spielen – bringen – stören

a In Japan ....*wird*........ viel Fisch ....*gegessen*......... .

b In dem Rezept .... genau ...., wie man Pfannkuchen macht.

c Wie .... Kartoffelknödel ....?

d Die Spaghetti .... in Salzwasser ....

e Wo waren Sie denn? Sie .... seit einer Stunde von Ihrem Chef ....

f Das „Ruffini" ist eine wirklich tolle Kneipe. Du .... dort vorzüglich ....,
und meistens .... auch gute Musik ....

g Wie .... das auf Deutsch ....? Mit zwei f?

h Diese Maschinen .... von deutschen Firmen ....

i Die Briefe müssen unbedingt noch heute zur Post ....

j Ich arbeite am liebsten nachts, weil ich dann nicht ....

k Der Salzstangenteig .... durch kleine Löcher .... und die Teigwürste
.... anschließend auf die richtige Länge ....

zu Seite 66, 4

__15__ Tabelle: Passiv → GRAMMATIK

Ergänzen Sie die fehlenden Formen.

a Einfache Formen

	Präsens	Präteritum	Perfekt	Plusquamperfekt
ich		*wurde bedient*		*war bedient worden*
du				
er/sie/es				
wir	*werden bedient*			
ihr				
sie/Sie			*sind bedient worden*	

b Passiv mit Modalverb

	Präsens	Präteritum	Perfekt	Plusquamperfekt
ich				*hatte bedient werden müssen*
du	*musst bedient werden*			
er/sie/es				
wir		*mussten bedient werden*		
ihr			*habt bedient werden müssen*	
sie/Sie				

LEKTION 5

zu Seite 66, 4

16 Sätze im Passiv → GRAMMATIK

Schreiben Sie die Sätze im Passiv. Achten Sie dabei auf das Tempus.
Beispiel: Der Ober behandelte uns sehr unfreundlich.
Wir wurden sehr unfreundlich behandelt.

a Der Arzt untersuchte den Patienten.
b Man verwechselt ihn oft mit Helmut Kohl.
c Die Bank hat die Zinsen erhöht.
d Warum verbietet man nicht Filme mit so viel Gewalt?
e Man hat sie sofort operiert.
f Man hat mich nicht gefragt.
g Man bat die Mitglieder, rechtzeitig zu erscheinen.
h Hat jemand die Tür abgeschlossen?
i Ich hoffe, dass er das Essen bald serviert.
j Letzte Woche spielte das Hamburger Sinfonie-Orchester
Beethovens „Eroica".

zu Seite 66, 4

17 Passiv mit Modalverben → GRAMMATIK

Bilden Sie Sätze im Passiv.
Beispiel: Man muss das Fleisch noch 20 Minuten kochen.
Das Fleisch muss noch 20 Minuten gekocht werden.

a Man muss den Cocktail gut schütteln.
b Ich bin nicht sicher, ob der Mechaniker das Auto bis morgen reparieren
kann.
c Du darfst die leeren Flaschen nicht in den normalen Müll werfen.
d Ich musste die Briefe so bald wie möglich zur Post bringen.
e Sie sollen die Briefe unterschreiben.
f Man musste ihn ins Krankenhaus bringen.
g Wir müssen die Telefonrechnung bis morgen bezahlen.

zu Seite 66, 4

18 Pizzeria Giovanni → GRAMMATIK/WORTSCHATZ

Letzte Woche wurde in der Klenzestraße eine neue Pizzeria eröffnet.
Bis es so weit war, war allerhand zu tun.
Ordnen Sie folgende Wörter den Bildern zu und schreiben Sie Sätze im
Passiv Präteritum unter das jeweilige Bild.

die Pizzeria renovieren, die Wände streichen – gründlich sauber machen –
Bilder aufhängen – Getränke und Lebensmittel einkaufen – Tische und
Stühle bringen und das Restaurant einrichten – Gäste zu einem Glas Sekt
einladen – Kerzen auf die Tische stellen – eine Annonce in der Zeitung
aufgeben / die Eröffnung bekannt geben

1	2	3

Zuerst	*Dann*	*Danach*

4

Außerdem ....
....
....

5

Natürlich ....
....
....

6

Restaurant Pizzeria
GIOVANNI
Eröffnung am 1. April
Klenzestraße 1 · 97341 Nürnberg · Telefon 0911/78 53 21

Schließlich ....
....
....

7

Endlich war es geschafft.
Die Pizzeria wurde eröffnet, und am ersten Abend ...

5

zu Seite 66, 4

<u>19</u>   Zustandspassiv → **GRAMMATIK**

< putzen und aufräumen – erledigen – zubereiten – Tisch schön decken –
kalt stellen – backen

Beispiel:
Hast du auch an alles gedacht?   *Klar doch! Ist alles erledigt.*

a Ist das Essen schon fertig?   ....
b Hast du auch den Kuchen nicht vergessen?   ....
c Und wie sieht die Wohnung aus?   ....
d Hast du auch an die Kerzen und Blumen gedacht? ....
e Und die Getränke?   ....
Und der Champagner?   Oh! Den habe ich vergessen!

zu Seite 66, 4

20 Museumsspiel → **SPRECHEN**

Spiel

Stellen Sie sich vor, Sie sind Museumsführer/in
im Jahr 2300 und müssen einer Gruppe von Touristen die Funktion
verschiedener „historischer" Gegenstände, die es in vergangenen
Jahrhunderten gab, erklären. Im Jahr 2300 sieht das Leben natürlich
ganz anders aus als heute:

- Es gibt kein Essen und Trinken mehr.
  Die Menschen ernähren sich von Pillen.
- Man liest nicht mehr Zeitung. Man informiert sich nur durch elektronische Medien.
- Man schreibt nicht mehr. Die Kommunikation erfolgt nur über Videos.
- Man heiratet nicht mehr.
- Man fährt nicht mehr, sondern bewegt sich schwebend fort.
- Alles ist hygienisch. Es gibt keinen Schmutz.

Suchen Sie sich drei „historische" Gegenstände aus und erklären Sie –
wenn möglich im Passiv –, was damit gemacht wurde. Ihre Mitschüler
dürfen „dumme" Fragen stellen.

Beispiel: ● *Wozu wurde dieses Gerät benutzt?*
        ▲ *Das ist ein Staubsauger. Damit wurde sauber gemacht.*
        ● *Was ist „sauber"?*

zu Seite 67, 2

21 Kurskochbuch → **SCHREIBEN**

Schreiben Sie ein Rezept zu einem typischen Gericht aus Ihrem
Heimatland. Sammeln Sie alle Rezepte in der Klasse und machen Sie
Ihr eigenes Kurskochbuch.

Paella aus Spanien

Souflaki aus Griechenland

Kuskus aus Marokko

Sukiyaki aus Japan

Pizza aus Italien

FONDUE AUS DER SCHWEIZ

1 Gedicht

LERNER-CD 17

ⓐ Hören Sie das folgende Gedicht von Ernst A. Ekker, ohne es zu lesen.

ⓑ Lesen Sie das Gedicht laut und betont.

Pudding-Lied (mit 99 Strophen ...!)

Himbeerpudding,	Fürchte dich nicht	
zitterst ja!	und lass dir schwör'n:	(2. Strophe: Vanillepudding,
Sind doch keine	Ich habe dich	zitterst ja! usw. 3. Strophe:
Feinde da ...	zum Fressen gern!	Brombeerpudding usw.)

ⓒ Machen Sie eigene Strophen.

2 Wortpaare *b – w*

LERNER-CD 18

Welches Wort hören Sie? Unterstreichen Sie das Wort, das Sie hören.

Bar	<u>wahr</u>	Brise	Wiese	Bein	Wein
Bistro	wieso	Bann	wann	Bäcker	Wecker
Bissen	wissen	binden	winden	bellt	Welt
bald	Wald	braten	warten	Bild	Wild
bitter	Wetter	Bier	wir	Berg	Werk

3 Wortpaare *v – w*

LERNER-CD 19

ⓐ Hören Sie zuerst einmal alle Wortpaare.

LERNER-CD 20

ⓑ Hören Sie die Wortpaare noch einmal einzeln und sprechen Sie nach.

Vegetarier	verspeisen	Avocado	vorsichtig
Vanille	vierzig	Vitrine	Viertel
Variation	Vater	Service	vielseitig
Reservierung	vielleicht		

ⓒ Ergänzen Sie die Regel.

In Fremdwörtern, d.h. Wörtern, die aus dem Lateinischen oder dem
Griechischen kommen, spricht man *v* wie ....
Beispiele: .. *Variation*. ....
In „deutschen" Wörtern spricht man *v* wie ....
Beispiele: ....

4 Essen

LERNER-CD 21

Hören Sie und sprechen Sie nach.

- Vanilleeis mit heißen Himbeeren.
- Bunter Blattsalat mit feiner Vinaigrette.
- Ein Viertel Weißwein.
- Ravioli mit Spinatfüllung.

- Vegetarische Pizza.
- Whisky mit Eiswürfeln.
- Vitaminreicher frischer Feldsalat.

5 *b* und *w*

LERNER-CD 22

ⓐ Hören Sie die folgenden Sätze und sprechen Sie nach.

- Bald bringt er braune Bretter.
- Wir werden es im Winter wohl wissen.
- Die beiden tranken im Bistro fünf Bier.
- Wollt ihr wirklich bei diesem Wetter wandern?

ⓑ Machen Sie selbst Sätze, in denen die Buchstaben *b* und *w* möglichst oft
vorkommen. Lesen Sie die Sätze in der Klasse vor. Ihre Lernpartnerinnen/
Lernpartner müssen sie wiederholen.

Lernkontrolle: Was haben Sie in diesem Kapitel gelernt?

Kreuzen Sie an.

Ich kann ...

Lesen
- ☐ ... mithilfe von Anzeigentexten für verschiedene Personen passende Restaurants auswählen.
- ☐ ... einer Restaurantkritik die Beurteilung einzelner Speisen entnehmen.
- ☐ ... Feinschmeckertipps aus einer Zeitschrift rekonstruieren.

Hören
- ☐ ... Interviews mit Mitarbeitern und Gästen eines Restaurants in den wichtigen Punkten verstehen.
- ☐ ... der Beschreibung des Herstellungsprozesses von Salzstangen in den einzelnen Schritten folgen.

Schreiben – Produktion
- ☐ ... im Rahmen einer Internet-Recherche Tipps zum Ausgehen in einer Stadt notieren.
- ☐ ... ein Rezept für eine Speise oder ein Getränk verfassen.

Sprechen – Produktion
- ☐ ... den Geschmack bestimmter deutscher Speisen beurteilen und diese mit Speisen aus meiner Heimat vergleichen.
- ☐ ... in einem Spiel erklären, was man früher mit bestimmten Gegenständen gemacht hat.

Sprechen – Interaktion
- ☐ ... mich über das Thema *Ausgehen am Wochenende* und die passenden Zeitpunkte für bestimmte Aktivitäten austauschen.

Wortschatz
- ☐ ... die verschiedenen Mahlzeiten des Tages sowie Speisen und Getränke richtig benennen.
- ☐ ... den Geschmack und die Qualität von Speisen beschreiben.

Grammatik
- ☐ ... Sätze mithilfe von verknüpfenden Elementen zu flüssigen Texten zusammensetzen.
- ☐ ... Vorgänge mithilfe des Passivs beschreiben.
- ☐ ... Vorgangs- und Zustandspassiv einsetzen.

Sprechen Sie mit Ihrer Kursleiterin / Ihrem Kursleiter über Tipps zum Weiterlernen.

LÖSUNGEN ARBEITSBUCH

LEKTION 1

S. 7/1 (Lösungsbeispiele) Arbeit: Arbeitszeit, Überstunde, Berufsleben, Einstellung, in Rente gehen, Eigeninitiative; Freizeit: Faulenzen, reif für, Energie haben, im Internet surfen, Zeit sparen, sich entspannen, Interesse, Zeiteinteilung

S. 9/4 b) (Lösungsbeispiele) (1) Viel Wert lege ich auf Zufriedenheit. Ich möchte zufrieden sein mit meinem Beruf, weil ich dort viel Zeit verbringe. (2) Nicht so wichtig ist für mich die Herausforderung, weil es schon genug Stress gibt. (3) Überhaupt nicht wichtig ist mir das Prestige, weil mir die anderen Leute egal sind.

S. 10/5 a) auf eigene Rechnung arbeiten, Partneragentur gründen, rund um die Uhr arbeiten, der/die Angestellte, die Firma, die Fünftagewoche, Spaß an der Arbeit haben, die Chefin, der/die Selbstständige

S. 10/5 c) (2) in Rente gehen, die Rente, im Ruhestand sein (3) der/die Arbeitslose, Arbeit haben, Überstunden machen, produzieren, die 38-Stunden-Woche, die Agentur für Arbeit

S. 11/6 Firma, Familienleben, Alltag, Idyll, Rente, Hausmann, Ruhestand, Chaos

S. 11/7 a) ihr würdet brauchen – du wüsstest – wir sollten – du dürftest – sie würden geben / gäben – ich wäre – wir würden treffen / träfen – er müsste – ich würde gehen / ginge – du würdest bringen / brächtest – ihr könntet – sie würden lesen – ich würde schlafen / schliefe – sie würde erzählen

S. 11/7 b) ich hätte gespielt – wir wären gefahren – ihr wäret geblieben – wir hätten gewusst – er hätte gekannt – ich wäre ausgegangen – sie hätte gesagt – ich hätte gewollt – ihr hättet gesehen – er hätte gelesen – wir hätten geschrieben – ich hätte gehabt – sie hätte gearbeitet – er wäre gegangen – ihr hättet gemacht

S. 12/8 (Lösungsbeispiele) a) Wenn ich nicht mehr arbeiten müsste, würde ich eine Weltreise machen. b) Wenn ich drei Monate Urlaub machen würde, würde ich nach Australien fliegen. c) Wenn ich Deutschlehrer wäre, würde ich keine Grammatik machen. d) Wenn ich einen Film machen könnte, würde ich ein Buch von Ken Follet verfilmen. e) Wenn ich einen Abend mit Claudia Schiffer verbringen würde, würde ich ihr einen Heiratsantrag machen. f) Wenn ich eine berühmte Person in unseren Deutschkurs einladen könnte, würde ich Arnold Schwarzenegger einladen.

S. 12/10 b) gelernt hättest; c) aufgestanden wäret; d) angerufen hättest; e) gefragt hättest

S. 12/11 a) (1) Wenn ich gestern nicht zu spät gekommen wäre, hätte ich Susanne (noch) getroffen. (2) Wenn Oma nicht ohne Schal Motorrad gefahren wäre, hätte sie (jetzt) keine Halsschmerzen. (3) Wenn ich einen Regenschirm mitgenommen hätte, wäre ich gestern nicht nass geworden. (4) Wenn ich mehr gelernt hätte, hätte ich die Prüfung bestanden. (5) Wenn ich nicht so wild getanzt hätte, hätte ich mir gestern am Fuß nicht so wehgetan. (6) Wenn ich nicht mit dem Videorekorder gespielt hätte, hätte ich gestern nicht die Kassette von Silvias Hochzeit gelöscht.

S. 13/12 a) Wenn er doch nicht immer müde und überarbeitet wäre! Wäre er doch nicht immer ...; b) Wenn er doch nicht nächtelang im Büro bliebe! Bliebe er doch nicht ...; c) Wenn er doch mehr mit Freunden unternähme / unternehmen würde! Unternähme er ... / Würde er doch ... unternehmen! d) Wenn er doch wenigstens in seiner Freizeit Golf spielen würde! Würde er ... spielen! e) Wenn er sich doch mehr Zeit für seine Kinder nähme / nehmen würde! Nähme er sich ... / Würde er sich ... nehmen! f) Wenn wir doch mal wieder ins Kino gehen würden / gingen! Gingen wir ... / Würden wir ... gehen! g) Wenn ich doch nicht immer allein zu Hause wäre! Wäre ich ...; h) Wenn wir doch mal wieder miteinander reden würden! Würden wir ... reden!

S. 14/14 (Lösungsbeispiele) (2) Wenn ich Sie wäre, würde ich mit dem Chef sprechen! (3) Ich denke, es wäre gut, der Kollegin Arbeit abzugeben! (4) Vielleicht sollten Sie Ihre Arbeit besser einteilen! (5) Ich würde um eine Gehaltserhöhung bitten. (6) Sie könnten auch mal etwas Sport treiben! (7) Sie müssten mal mit einem Psychologen sprechen!

S. 14/15 Kreisler ..., Er studiert ..., wo er ... ; Nach seiner ...; Er wurde ..., die mit ...

S. 14/16 a) Würden/Könnten Sie mir bitte eine Tasse Kaffee bringen? Wären Sie so nett, ... zu bringen? b) Würden/Könnten Sie bitte das Fenster aufmachen? Wären Sie so nett, ... aufzumachen? c) Würden/Könnten Sie bitte gleich das Fax abschicken? Wären Sie so nett, ... abzuschicken? d) Würden/Könnten Sie bitte den Termin verschieben? Wären Sie so nett, ... zu verschieben? e) Würden/Könnten Sie bitte das Reisebüro anrufen und einen Flug nach Frankfurt buchen? Wären Sie so nett, ... anzurufen ... zu buchen? f) Würden/Könnten Sie bitte einen Tisch für 20 Uhr reservieren? Wären Sie so nett, ... zu reservieren?

S. 15/17 Situation 1 (zu b): Worum geht es denn?; Situation 2 (zu c): Ich muss unbedingt ..., ... verstehe ich.; Situation 3 (zu a): ... passt mir leider überhaupt nicht., ... könnten vielleicht ..., ... kann aber noch nicht definitiv ...; Situation 4 (zu d): Wärst du so nett ...? Ginge das?

S. 15/18 a) ist ... Fremdwort; b) unschlagbar; c) bin reif für; d) geschleppt; e) aus dem Gleichgewicht gebracht; f) brüderlich

S. 16/19 (1) Neben-; (2) um zu; (3) damit; (4) damit

S. 16/20 b) (2) Ich gehe in die Kneipe, um neue Leute kennenzulernen. ... damit ich ... kennenlerne. (3) Ich bin in Frankfurt, um besser Deutsch zu lernen. ... damit ich ... lerne. (4) Ich brauche das Auto, um Kathrin vom Bahnhof abzuholen. (5) Ich gehe ins Reisebüro, um einen Urlaub in Spanien zu buchen. (6) Ich mache eine Diät, um fünf Kilo abzunehmen. ... damit ich ... abnehme. (7) Ich lese so viel, um mich weiterzubilden. ... damit ich ... weiterbilde. (8) Ich treibe so viel Sport, um fit zu bleiben. ... damit ich ... bleibe.

S. 16/21 a) ..., um die deutsche Kultur kennenzulernen. b) ..., um morgen früh fit zu sein. c) ..., damit er nicht zu Fuß gehen muss. d) ..., um ihn nicht aufzuwecken. e) ..., damit ihm sein Chef vielleicht eine Gehaltserhöhung gibt. f) ..., damit ich ihr morgen das Buch mitbringe. g) ..., um Geld für eine Fernreise zu verdienen. h) ..., damit sie einen Sprachkurs besuchen kann.

S. 16/22 ins Konzert gehen, Fußball spielen, sich mit Freunden treffen, schwimmen, in die Disco gehen, lesen, singen, in eine Ausstellung gehen, baden gehen, Rad fahren, Radio hören, segeln

S. 17/23 Deutschklubs, Anzeige, kennenlernen, verschiedenen Ländern, aktiv/sportlich, Interessen/Hobbys, (einen Brief / eine E-Mail) schreiben, freuen, Langweilig, schreiben/berichten/sprechen, Antwort

S. 18/24 Wo finde ich: a) im Arbeitsbuch; b) im Inhaltsverzeichnis, Kursbuch (Schule); c) im Arbeitsbuch, vor den Aufgaben zu einer Lektion; d) im Kursbuch, am Ende jeder Lektion; **Wie viele:** a) 4 (Hören, Lesen, Sprechen, Schreiben); b) 13; c) 2; **In welcher Lektion üben wir:** a) 3; b) 3; c) 2; **In welcher Lektion lernen wir:** a) 5; b) 1; **Wie sieht ...:** a) AB 9 4; b) GR S. 20/1

S. 19/1 hätte, käme, Ränder, gäbe, Gläser, zählen, Vorschlag, Tag, Satz, Plan, Name, Land

S. 19/2 b) trennen, Tälern, Tellern, rechnete, rächte, Präsident, Presse, Fähre, Ferne

S. 19/3 a) Gäste, Bären, Ehre, ähnlich, klären, fehlen, wären, Schwäche, Federn; b) lang

LEKTION 2

S. 21/1 a) Nomen: Herzlichkeit, Kühle; Adjektive: eifersüchtig, vertrauensvoll, neidisch, liebevoll. Nomen: Erfolg, Leidenschaft, Kälte; Adjektive: respektvoll, sympathisch, rücksichtsvoll

b) vertraulich – öffentlich; leidenschaftlich – distanziert/kalt/gefühllos; ehrgeizig – faul, eifersüchtig – tolerant, frostig/eisig – warmherzig; neidisch – großherzig; liebevoll – lieblos/herzlos, respektvoll – respektlos, rücksichtsvoll – rücksichtslos/egoistisch; erfolgreich – erfolglos

S. 22/3 b) Mmm, das höchste ...; c) Manchmal länger ...; d) Manchmal rufen ...; e) Normalerweise ...

S. 22/4 a) falsch (f); b) f; c) f; d) f; e) f; f) f; g) richtig (r)

S. 23/5 (1) f – über; (2) r; (3) f – den; (4) f – wenn; (5) r; (6) f – kennenlernen; (7) r; (8) f – Dieses; (9) r; (10) r; (11) f – nicht; (12) f – hätte

S. 24/6 Respekt, Autorität, Haushalt, Karriere

S. 24/7 b) Respekt vor; c) Rücksicht auf; d) Eifersucht auf; e) Neid auf; f) Spaß an

S. 25/10 a) (Lösungsbeispiel) „traditionelle" Kleinfamilie: Vater Alleinverdiener, Mutter Hausfrau, zwei Kinder; b) 6, 9, 3, 7, 5, 4, 1, 8

S. 26/11 (1) ehrlich gesagt ... (2) Ich finde es ... (3) ... musst du eigentlich immer ... (4) Es kann schon sein ... (5) ... weißt doch ... (6) Du kannst doch ... (7) Versuch es ... (8) ... wir sollten ...

S. 26/13 ich: muss, musste I kann, konnte I darf, durfte I möchte/will, wollte I soll, sollte

du: musst, musstest I kannst, konntest I darfst, durftest I möchtest/willst, wolltest I sollst, solltest

er/sie/es: muss, musste I kann, konnte I darf, durfte I möchte/will, wollte I soll, sollte

wir: müssen, mussten I können, konnten I dürfen, durften I möchten/wollen, wollten I sollen, sollten

ihr: müsst, musstet I könnt, konntet I dürft, durftet I möchtet/wollt, wolltet I sollt, solltet

sie/Sie: müssen, mussten I können, konnten I dürfen, durften I möchten/wollen, wollten I sollen, sollten

S. 26/14 b) kann/darf; c) muss; d) möchten/wollen; e) muss; f) möchte/will – muss; g) muss; h) darfst/sollst; i) soll; j) darf/möchte/will; k) Könnt – muss; l) Können; m) darf

S. 27/15 muss, möchte, kann/darf, kann, muss, muss, kann, muss, kann

S. 28/16 a) Ich konnte meinen kranken Sohn nicht alleinlassen. b) Ich konnte ihm das nicht sagen. c) ... das wollte ich nicht. d) Ich wollte dich anrufen, aber ich konnte keine Telefonzelle finden. e) Ich musste im Bett liegen. f) Ich konnte mich nicht konzentrieren. g) Ich mochte ihn wirklich gern.

S. 28/17 (1) soll; (2) wollen; (3) möchten; (4) soll; (5) können

S. 28/18 Auch Männer können nach ... arbeiten gehen | Aber immer noch möchten sehr wenige Männer das tun ... Die meisten wollen arbeiten und Karriere machen. | Auf jeden Fall sollten die Partner ... Dann muss die Frau nicht automatisch zu Hause bleiben, sondern sie kann ihren Job ausüben.

S. 29/19 (2) Nomen, Sing., Nom.; (3) Perfekt, 3. Pers. Sing.; (4) Präposition; (5) Personalpronomen, 1. Pers. Plur. Dat.; (6) Modalverb, 3. Pers. Sing.; (7) Nomen, Sing., Akk.erg.; (8) Infinitiv, trennb. Verb; (9) Konnektor, kausal; (10) best. Artikel, fem.; (11) Nomen, Sing., Nom.; (12) Adjektiv; (13) Präsens, 3. Pers. Sing.

S. 31/21 a) das Ehepaar, der Mutterschutz, das Erziehungsjahr, die Tagesmutter, die Teilzeitarbeit, der Elternteil b) (Lösungsbeispiele) (1) Zwei Personen, die verheiratet sind. (2) Ein Gesetz, das die Mutter schützt. (3) Eine Institution, die Arbeit vermittelt. (4) Ein Jahr, das man für die Erziehung der Kinder frei hat. (5) Eine Frau, die sich am Tag um die Kinder anderer Leute kümmert. (6) Eine Arbeit, die nicht den ganzen Tag in Anspruch nimmt. (7) Vater oder Mutter

S. 31/22 b) dir; c) mir; d) dich; e) dir; f) sich; g) dir; h) sich; i) mir; j) sich; k) uns; l) dich; m) mir; n) dich; o) mich; p) dir; q) mir; r) sich, dich; s) mich

S. 32/23 b) Er hat sich eine tolle Geschichte ausgedacht. c) Ich traue mir das nicht zu. d) Gib dir keine Mühe. Es lohnt sich nicht. e) Sie macht sich nichts aus Kleidung. f) Er zeigte sich von seiner besten Seite. g) Kannst du dir das vorstellen? Unglaublich! h) Das lasse ich mir nicht länger gefallen.

S. 32/24 a) ja; b) ja; c) nein; d) nein; e) ja; f) nein; g) nein; h) nein; i) ja

S. 33/1 c) Wüste, Küste

S. 33/2 wüsste, dürfte, müsste, nützen, fuhr, Schule, Natur, Kunst

S. 33/3 für, gefiel, Glück, Flüge, liegen, Küche, Kissen, Tier, spülen, Wüsten, Gericht

S. 33/4 Günter Kunert, Friedrich Dürrenmatt, Max Frisch, Rainer Maria Rilke, Günter Grass, Siegfried Lenz, die Brüder Grimm, Friedrich Schiller

---

LEKTION 3

S. 35/1 einladen, tanzen, verkleiden, schmücken, mitbringen, abschicken, verabreden, vorbereiten

S. 36/2 Fest, Party, Geburtstag, eingeladen, gefeiert, Buffet, getanzt, Gäste, Freundeskreis, Freunde

S. 36/3 2B, 3A, 4E, 5C, 6H, 7F, 8G, 9I

S. 37/4 (Weihnachten) Frohes Fest! (Brautpaar) Herzlichen Glückwunsch zur Hochzeit! / Ich wünsche Ihnen alles Gute. / Viel Glück! (Sektflasche und Glas) Ein gutes neues Jahr! / Ein glückliches neues Jahr! / Prost Neujahr! / ... alles Gute! (Tanzendes Paar) Amüsier dich gut! / Viel Spaß! / Viel Vergnügen! (Geschenk) Herzlichen Glückwunsch zu ...! / (Ich wünsche dir/Ihnen) alles Gute! (Osterhase) Fröhliche Ostern!

S. 37/5 Wo? – in der Dahner Landhausstraße; Was? – den 103. Geburtstag; Wie? – zufrieden und gesundheitlich wohlauf; Wodurch so alt (Warum)? – kein Stress, täglich ein Gläschen Wein, nicht mehr rauchen; Was macht er noch? – Zeitung lesen, Musik hören; Wie lebt er? – von der Familie umsorgt, hat 20 Urenkel; Wie feiert er? – im Kreise seiner Geschwister und den Familien seiner Kinder

S. 38/7 b) Als; c) wenn; d) als; e) wenn; f) wenn; g) Als; h) wenn; i) als; j) wenn; k) wenn

S. 38/8 b) Wenn ich im Sommer meine Großeltern besuchte, freuten sie sich jedes Mal. c) Als ich jünger war, bin ich viel in die Disco gegangen. d) Als ich das erste Mal verliebt war, konnte ich nichts essen. e) Als Nicola ihren 25. Geburtstag feierte, lernte sie Ralf kennen. f) Wenn wir in Urlaub fuhren, brachten wir jedes Mal viele Souvenirs mit. g) Als alle Gäste schon gegangen waren, blieb Daniel immer noch sitzen. / Wenn alle Gäste gingen, blieb Daniel immer noch sitzen. (Gewohnheit)

S. 38/9 b) nachdem; c) bevor; d) wenn; e) bevor; f) seitdem; g) sobald; h) bis

S. 39/10 (Lösungsbeispiele) a) ... kocht Marion das Essen. b) ... fing es plötzlich an zu gewittern. c) ... du mit der Arbeit fertig bist. d) ... laden wir die Meyers nicht wieder ein. e) ... spreche ich schon recht gut Deutsch. f) ... kaufe

ich mir ein neues Auto. g) ... er eine Bank überfallen hatte. h) ... nehme ich bestimmt meine Kreditkarte mit. i) ... wir im letzten Sommer Tintenfisch gegessen haben. j) ... muss ich mein Studium abgeschlossen haben.

S. 39/11 a) *jemanden höflich begrüßen:* Schön, mal wieder von Ihnen zu hören. – Schon lange nichts mehr von Ihnen gehört. – Schön, dass Sie anrufen. – Was kann ich für Sie tun?
vorsichtig fragen/bitten: Es wäre schön, wenn Sie ... – Wir dachten, Sie könnten vielleicht ... – Dürfte ich Sie etwas fragen? –
nachfragen: Wie viel / Was wäre das denn? – Und was könnten wir da beitragen? –
vorsichtig zustimmen/zusagen: Ich denke, das lässt sich machen. –
vorsichtig ablehnen: Leider sieht es ... nicht so gut aus. –
sich bedanken / Hilfe höflich annehmen: Ach, Herr ..., das wäre wirklich schön –
bestätigen und sich verabschieden: Machen wir es doch einfach so: ... – Ich melde mich bei Ihnen ... – Ja, so machen wir es. – Wir hören voneinander.
b) Schön, mal wieder von Ihnen zu hören; Wir dachten, Sie könnten vielleicht ...; Könnten Sie vielleicht ...; ... das lässt sich machen.; ... das wäre wirklich schön.; ... melde mich noch mal bei Ihnen.; Wir hören voneinander ...

S. 40/12 in + Dat. Beispiel: in der 2. Woche, im Sommer, im 20. Jahrhundert; um + Akk. Beispiel: um 19 Uhr; um + Akk. Beispiel: um 1900

S. 40/13 a) ... um; b) am; c) im; d) am; e) im; f) In; g) gegen; h) Am, im; i) Am; j) Nach; k) am; l) Während; m) gegen, um; n) in; o) um; p) Am

S. 40/14 Vergangenheit: vorhin, früher, damals, neulich, gerade, bisher; Gegenwart: jetzt/nun, gerade; Zukunft: bald, nachher, sofort/gleich, später

S. 41/15 b) gerade/vorhin; c) gerade; d) später; e) sofort/gleich, später/nachher; f) neulich; g) sofort/gleich; h) früher/damals

S. 41/16 meistens, oft/häufig, öfters, manchmal / ab und zu, selten, fast nie

S. 41/17 (1) f – lieber Jan; (2) f – Eure; (3) r; (4) r; (5) f – Eurem; (6) f – wie das ist; (7) r; (8) r; (9) f – auf; (10) r; (11) f – Gesundheit; (12) f – für; (13) f – auf dem

S. 42/18 b) (2) gern; (3) absagen; (4) vor; (5) Pech; (6) traurig; (7) besuchen; (8) viel Spaß bei eurer Party

S. 42/19 im, im, in, am, um, gegen, Am, Nach, um, in, Während

S. 43/20 a) (2) Lars; (3) Sardana; (4) Laura, Sardana; (5) Heta; (6) Medhat; (7) Lars; (8) Laura; (9) Heta, Sardana

S. 44/22 b) vor; c) über; d) in; e) zwischen; f) seit; g) – –; h) übers; i) bis; j) vor; k) vom ... bis zum; l) in; m) aus; n) um; o) während; p) innerhalb; q) für

S. 45/1 Wachtsoldaten, bewachten, Wachteln, Schachteln, lachten, Wacht, Mitternacht, entfacht, geschlachtet, geschmachtet, Achtung, dachten, Wachteln, Spachteln, Schachteln, Verdacht, hinmacht, angebracht, sacht, acht

S. 45/2 CH, ch, ch, CH, ch, CH, ch, CH, ch, ch, ch, ch, CH

S. 45/3 ch, CH, ch

LEKTION 4

S. 47/1 Pause, Bücherei, Fach, Abitur, Stundenplan, Uniform, Noten, Unterricht, Zeugnisse, Klassenarbeit, Ehrenrunde; Lösungswort: Schulferien

S. 48/2 Zeugnis, Klasse, Noten, Kommentar, Unterricht, Halbjahr, Verhalten, Beurteilung, Klassenleiterin

S. 48/3 sehr gut – Gesicht 5; gut – Gesicht 2; befriedigend – Gesicht 3; ausreichend/genügend – Gesicht 4; mangelhaft – Gesicht 1; ungenügend – Gesicht 6

S. 48/4 a) (2) Mit so was ...; (3) Dafür ...; (4) Tu's weg!; (5) (Geht weg); (6) Stell' dir ...; (7) Toll, was?

S. 49/5 a) es geht hier um Folgendes; b) Ich bin der Meinung, dass ..., Ich bin (absolut) für ..., meiner Meinung/Ansicht nach ..., Ich glaube/denke, dass ...; c) In der Zeitung liest man ..., In ... hat man gute Erfahrungen damit gemacht; d) Ich stimme Ihnen zu, das finde ich auch ..., Ich teile Ihre Meinung, dass ..., Ich bin auch der Meinung, dass ...; e) Ich muss Ihnen leider widersprechen, das sehe ich anders; f) abschließend möchte ich sagen/betonen, dass ...;

S. 50/6 b) PRO (1) etwas dazu sagen; (2) für diese Einrichtung/Sache; (3) Erfahrungen; (4) Meinung nach; (5) der Fall/möglich; (6) kommt ein weiteres Problem; (7) deshalb/aus diesem Grund; KONTRA (1) (absolut) widersprechen; (2) ganz anders; (3) der Meinung/Ansicht; (4) um Folgendes; (5) denke/glaube / bin der Ansicht/Meinung; (6) Meinung/Ansicht

S. 51/7 a) Grundschule; b) Hauptschule; c) Berufsschule; d) Realschule – Fachoberschule; e) Gymnasium

S. 51/8 (2) Klasse; (3) Sprachkurs; (4) Lernen; (5) Hochschule; (6) Berufsausbildung; (7) Stunde; (8) Schulhof; (9) Unterricht; (10) Schüler; (11) Prüfung

S. 52/10 a) (Lösungsbeispiel) Modell-Gymnasium, Wiener Künstler Hundertwasser, Schüler-Traumschule (bunt, grün, rund), Schulleiter-Kontakt-Künstler, Hundertwasser-Entwurf (bizarre Fassaden, ovale Fenster, kleine Türme, vergoldete Dächer mit Pflanzen), 2. Mai 1999, von Touristen bestaunt

S. 53/11 unregelmäßig: gehen, ging, gegangen; laufen, lief, gelaufen; stehen, stand, gestanden; finden, fand, gefunden; sprechen, sprach, gesprochen; verlieren, verlor, verloren; kommen, kam, gekommen; bleiben, blieb, geblieben; vergessen, vergaß, vergessen; abbrechen, brach ... ab, abgebrochen; geben, gab, gegeben; werden, wurde, geworden; schlafen, schlief, geschlafen; **regelmäßig**: trennen, trennte, getrennt; erkundigen, erkundigte, erkundigt; fühlen, fühlte, gefühlt; mitteilen, teilte ... mit, mitgeteilt; reden, redete, geredet; lachen, lachte, gelacht; **Mischform:** bringen, brachte, gebracht; kennen, kannte, gekannt; wissen, wusste, gewusst; mögen, mochte, gemocht; nennen, nannte, genannt

S. 53/12 b) Präteritum; c) Präteritum; d) Plusquamperfekt

S. 53/13 a) (2) starb; (3) war, vergaß; (3) kaufte ... ein, machte; (4) ließ; (5) wurde; (6) kamen; (7) wurde; (8) wurde, bekam; (9) arbeitete; (10) erlebten, verließen, heirateten; (11) klagte; (12) brachten; (13) machte; (14) trat ... ein, bekam; (15) kauften; (16) lebten; (17) hörte ... auf; (18) wurde; (19) heiratete; (20) lernte ... kennen, verliebte sich; (21) war; (22) begann; (23) schaffte; (24) kam

S. 54/14 a) kochte, aß, sang, las, kam, schrieb

S. 55/15 a) Der Lehrer hat die Klassenarbeit zurückgegeben. b) Die Schüler sind in der Pause im Klassenzimmer geblieben. c) Sabine ist im Schwimmbad vom Drei-Meter-Brett gesprungen. d) Meine Eltern haben sich über das Zeugnis gefreut. e) Er ist im Unterricht eingeschlafen. f) Ich habe in den Ferien endlich mal wieder ausgeschlafen. g) Wir sind mit unserer Klasse nach Österreich gefahren. h) Seine Noten sind besser geworden. i) Die Familie ist in die Schweiz umgezogen und er hat die Schule gewechselt. j) Er war ein fauler Schüler (Er ist ... gewesen). Deshalb ist er sitzen geblieben.

S. 56/17 a) (1) Wie Du ja weißt ..., seit; (2) ... lerne ich ... kennen; (3) dass; (4) muss; (5) habe ich; (6) geholfen

S. 56/18 b) verlaufen; c) befasst; d) geraten; e) verschrieben; f) bestanden; g) vergangen; h) versetzt; i) besucht

S. 57/19 Glas – zerbrechen, Musik – verklingen, ein Stück Papier – zerreißen, Nudeln – zerkochen, Pflanzen – vertrocknen, Eis – zerlaufen, Blumen – verblühen, Zeit – vergehen, alte Häuser – verfallen

S. 57/20 trennbar: er fängt an, er ruft an, er sieht an, er ruft auf, er fällt aus, er kauft ein, er lädt ein, er arbeitet mit, er sieht nach, er zieht um, er wirft vor, er geht weg, er macht zu

nicht trennbar: er beginnt, er empfiehlt, er entlässt, er entscheidet, er erklärt, er erzählt, er gefällt, es gelingt, er misstraut, er versetzt, er verspricht, er versteht, er zerstört

S. 57/21 Ein „schlechter" Schüler: a) zugehört; b) verschlafen; c) arbeitet ... mit; d) schreibt ... ab; e) schreibt ... vor; f) bereitet ... vor; g) passt ... auf; Ein „guter" Lehrer: a) begrüßt, betritt; b) gibt ... auf; c) erklärt; d) verbessert (bespricht); e) fragt ... ab; f) ruft ... auf; g) versteht; h) beginnt; i) bespricht (verbessert)

S. 59/1 schreiben, abschreiben, passen, aufpassen, schauen, anschauen, arbeiten, mitarbeiten, sehen, nachsehen, hören, zuhören, setzen, versetzen, grüßen, begrüßen, reißen, zerreißen, fallen, gefallen, schreiben, unterschreiben, fehlen, empfehlen

S. 59/2 linke Spalte: nicht trennbare Verben, zweitletzte Silbe betont; **rechte** Spalte: trennbare Verben, erste Silbe betont; letzter Satz: Betonung auf „wieder".

S. 59/3 Stift, Bleistift, Buch, Notizbuch, Kurs, Intensivkurs, Tisch, Schreibtisch, Zimmer, Lehrerzimmer, Gummi, Radiergummi, Stunde, Mathematikstunde

S. 59/4 (2) erste, (3) nicht die erste Silbe, (4) die Vorsilbe, (5) die Vorsilbe nicht, (6) ier

LEKTION 5

S. 62/2 b) A: Anna, Daniel und Susi (vier Uhr morgens, Kleinigkeit essen, Livemusik → Nachtcafé) / B: Frau Lindinger (etwas Exotisches → Niawaran) / C: Daniel und Linda (frühstücken am liebsten ausführlich, große Auswahl an Brot und Gebäck → Bodos Konditorei) / D: Familie Wohlfahrt (Besuch in München, Spezialitäten aus der Region → Bräuhaus zur Brez'n) / E: Karla Rettisch (fleischlose Speisen → Vegetarische Spezialitäten) / F: Jens und Herbert (besondere Kneipe, Kultur → Dreigroschenkeller)

S. 62/2 c) 1 B, Disco, Techno-Musik – Titanic City; 2 D, draußen sitzen – Seehaus; 3 C, Cocktail – Kalibar; 4 –

S. 63/3 a) Konfitüre, Frühstück, ausgiebig, Essen, Frühstücksservice, Joghurt, Obst, Wurst, Kaffee

S. 64/5 a) 1 – Lage; 2 – Einrichtung/Atmosphäre; 3 – Essen/Trinken

S. 64/6 a) richtig, b) falsch, c) richtig, d) falsch, e) richtig, f) falsch, g) richtig

S. 65/7 1 – Worum geht es?; 2 – Warum wurde der Service eingerichtet?; 3 – Wie wird gearbeitet?; 4 – Wie kommt man an die Information?

S. 65/8 a) die Bar, das Bistro, das Buffet, das Café, die Diskothek, das Kabarett, das Kilo, die Kritik, das Restaurant, der Vegetarier

S. 65/8 b) die Perfektion, die Qualität, das Detail, das Produkt, der Ketchup, der Burgerdeckel, interessant, das Originalprodukt, die Modebranche, gestylt, funktionieren, der Trick, präparieren, die Konkurrenz, stylen, fotografieren, der Fotograf, der Burger, der Food-Stylist, absolut

S. 66/9 neue Esskultur – Gang zur Imbissbude; Ihrer Meinung – Meinung der Ernährungswissenschaftler; das – die empfohlene Ernährungsformel; dieser Regel – ein- bis zweimal die Woche Fleisch oder Fisch, ansonsten Obst und Gemüse; dort – Asien; mediterrane Kost – Franzosen und Italiener

S. 67/10 Eva und Nicola – ihnen; Eva und Nicola – sie; im Metropolitan - dort; Nicola und Eva – sie; an der Bar – dort; Brad Pitt – er; Die Freundin von Brad – sie; Brad – ihm; Freundin von Brad Pitt – sie

S. 67/11 Passiv Präsens im Hauptsatz: wird ... gemixt, wird ... gepresst, werden ... geschnitten, wird ... nachgefüllt; Passiv Präsens im NS: ... hergestellt werden; Passiv mit Modalverb im Hauptsatz: muss ... festgeklebt werden, können ... verpackt werden; Passiv mit Modalverb im Nebensatz: ... hergestellt werden können; Zustandspassiv: sind ... gebacken.

S. 68/12 a) Partizip II, b) Endposition, c) worden, d) Partizip-II-Form, Infinitiv

S. 68/13 herausgefunden, berichtet, durchgesetzt, entdeckt, beschrieben, gemacht

S. 69/14 b) wird ... beschrieben; c) werden ... zubereitet; d) werden ... gekocht; e) werden... erwartet; f) wirst ... bedient, wird ... gespielt; g) wird ... geschrieben; h) werden ... hergestellt; i) gebracht werden; j) gestört werde; k) wird ... gepresst, werden ... geschnitten

S. 69/15 Einfache Formen: ich: werde bedient, wurde bedient, bin bedient worden, war bedient worden; **du:** wirst bedient, wurdest bedient, bist bedient worden, warst bedient worden; **er/sie/es:** wird bedient, wurde bedient, ist bedient worden, war bedient worden; **wir:** werden bedient, wurden bedient, sind bedient worden, waren bedient worden; **ihr:** werdet bedient, wurdet bedient, seid bedient worden, wart bedient worden; **sie/Sie:** werden bedient, wurden bedient, sind bedient worden, waren bedient worden. **Passiv mit Modalverben: ich:** muss bedient werden, musste bedient werden, habe bedient werden müssen, hatte bedient werden müssen; **du:** musst bedient werden, musstest bedient werden, hast bedient werden müssen, hattest bedient werden müssen; **er/sie/es:** muss bedient werden, musste bedient werden, hat bedient werden müssen, hatte bedient werden müssen; **wir:** müssen bedient werden, mussten bedient werden, haben bedient werden müssen, hatten bedient werden müssen; **ihr:** müsst bedient werden, musstet bedient werden, habt bedient werden müssen, hattet bedient werden müssen; **sie/Sie:** müssen bedient werden, mussten bedient werden, haben bedient werden müssen, hatten bedient werden müssen

S. 70/16 a) Der Patient wurde untersucht. b) Er wird oft mit Helmut Kohl verwechselt. c) Die Zinsen sind erhöht worden. d) Warum werden Filme mit so viel Gewalt nicht verboten? e) Sie ist sofort operiert worden. f) Ich bin nicht gefragt worden. g) Die Mitglieder wurden gebeten, rechtzeitig zu erscheinen. h) Ist die Tür abgeschlossen worden? i) Ich hoffe, dass das Essen bald serviert wird. j) Letzte Woche wurde Beethovens „Eroica" gespielt.

S. 70/17 a) Der Cocktail muss gut geschüttelt werden. b) Ich bin nicht sicher, ob das Auto bis morgen repariert werden kann. c) Die leeren Flaschen dürfen nicht in den normalen Müll geworfen werden. d) Die Briefe müssen so bald wie möglich zur Post gebracht werden. e) Die Briefe sollen unterschrieben werden. f) Er musste ins Krankenhaus gebracht werden. g) Die Telefonrechnung muss bis morgen bezahlt werden.

S. 70/18 1 – Zuerst wurde die Pizzeria renoviert und die Wände wurden gestrichen. 2 – Dann wurde gründlich sauber gemacht. 3 – Danach wurden Tische und Stühle gebracht und das Restaurant eingerichtet. 4 – Außerdem wurden Bilder aufgehängt und Kerzen auf die Tische gestellt. 5 – Natürlich wurden Getränke und Lebensmittel eingekauft. 6 – Schließlich wurde eine Annonce in der Zeitung aufgegeben und die Eröffnung bekannt gegeben. 7 – Endlich war es geschafft. Die Pizzeria wurde eröffnet und am ersten Abend wurden die Gäste zu einem Glas Sekt eingeladen.

S. 71/19 a) Das ist zubereitet. b) Der ist gebacken. c) Die ist geputzt und aufgeräumt. d) Der Tisch ist schön gedeckt. e) Die sind kalt gestellt.

S. 72/20 (1) Das ist eine Fahrkarte. Damit wurde eine U-Bahn-Fahrt bezahlt. (2) Das ist ein Ehering. Der wurde nach der Hochzeit getragen. (3) Das ist eine Waschmaschine. Darin wurde Wäsche gewaschen. (4) Das ist ein Topf. Darin wurde das Essen gekocht. (5) Das ist eine Zeitung. Die wurde gelesen. (6) Das ist ein Staubsauger. Damit wurde die Wohnung sauber gemacht. (7) Das ist eine Zahnbürste mit Zahnpasta. Damit wurden die Zähne geputzt. (8) Das ist ein Brief. Der wurde an einen Freund geschrieben. (9) Das ist ein Kugelschreiber. Damit wurde geschrieben.

S. 73/2 wahr, Bistro, Bissen, Wald, bitter, Wiese, wann, binden, braten, Bier, Wein, Bäcker, Welt, Wild, Berg

S. 73/3 c)... spricht man *v* wie *w*: Vegetarier, Vanille, Reservierung, Avocado, Vitrine, Service; ... spricht man *v* wie *f*: verspeisen, vierzig, Vater, vielleicht, vorsichtig, Viertel, vielseitig

QUELLENVERZEICHNIS

Kursbuch S. 9: Foto: MHV-Archiv (PhotoDisc); S. 10: Foto links: Pöhlmann/Mauritius images; Mitte: Tony Stone Bilderwelten (B&W); rechts: MHV-Archiv (Dieter Reichler); S. 11: Foto: MHV-Archiv (Jens Funke); S. 12: Fotos: MHV-Archiv (oben und Mitte: Franz Specht, unten: Jens Funke); S. 14: Foto und Liedtext: © Georg Kreisler; S. 16: Text: Franz Specht, Oberpfaffenhofen; S. 19: Abbildungen: Prospektmaterial; S. 21: Foto: Gerd Pfeiffer, München; S. 24: Globus-Infografik, Hamburg; S. 25: Fotos: MHV-Archiv (von links 1: Rubberball, 2: MEV, 3: irisblende.de, 4: MEV, 5+6: Superjuli); S. 26/27: Foto: MHV-Archiv (MEV); Text aus: Brigitte 3/96 © Picture Press, Hamburg; S. 29: Namensliste: Mit freundlicher Genehmigung von © Knud Bielefeld, Ahrensburg; S. 30/31: Texte aus: Informationsbroschüre für Familien © Presse- und Informationsamt der Bundesregierung; S. 33: Foto: Gerd Pfeiffer, München; S. 34: Fotos: MHV-Archiv: (links/rechts: Gerd Reichler, Mitte links: Gunter Graf, Mitte rechts: Werner Bönzli); S. 36: Foto: SV- Bilderdienst, München; Texte: Franz Specht, Oberpfaffenhofen; S. 40: Fotos oben und Mitte: MHV-Archiv (MEV); unten: © SV-Bilderdienst; S. 42: Fotos: MHV-Archiv (Dieter Reichler/Franz Specht); S. 43: Zeichnung: by Roland Searle © Tessa Sayle Agency, London; S. 45/46: Foto: Gerd Pfeiffer, München; S. 48: Foto links: © illus-cope; Mitte: © picture-alliance/dpa/dpaweb; rechts: MHV-Archiv (MEV); S. 50: Text und Grafik aus einem Faltblatt, herausgegeben vom Bayerischen Staatsministerium für Unterricht und Kultus; S. 51: Text von Stephan Lebert aus: SZ Magazin 17/95; S. 54: Text und Abbildung aus: Peter Weiss, Abschied von den Eltern. © 1974 by Suhrkamp Verlag Frankfurt; S. 55: Foto: © SV-Bilderdienst; S. 57: Foto: © Ketchum GmbH, München; S. 58: Foto: MHV-Archiv (Dieter Reichler); S. 60: Foto: © Götz Wrage, Hamburg; S. 61: Texte zusammengestellt von Kerstin Greiner aus: SZ-Magazin vom 6.12.02; S. 62: Foto: MHV-Archiv (Pierpaolo Bizzoni); Text von Eberhard Heins aus: TZ vom 9.9.97; S. 65: Abbildung und Texte aus: essen & trinken 10/95 © Picture Press, Hamburg; S. 66: Abbildungen mit freundlicher Genehmigung der FLASH Filmproduktion Armin Maiwald und des WDR, Sendung mit der Maus, Köln

Arbeitsbuch S. 11: Text frei nach: Film-Jahrbuch 1992, Heyne Verlag, München; Foto: Deutsches Filminstitut (DIF), Frankfurt/Main; S. 14: Text frei nach: Brockhaus Enzyklopädie, Mannheim 1990, Band 12, S. 470; Foto: Georg Keisler; S. 25: Globus-Infografik, Hamburg; S. 27: Text frei nach: Lexikon des Deutschen Films, Reclam Verlag, Stuttgart 1995; Foto: Deutsches Filminstitut (DIF), Frankfurt/Main; S. 28: Text (Supervater) aus: AZ vom 27.9.95; S. 29: Text aus: Christine Nöstlinger, Wir pfeifen auf den Gurkenkönig, 1972 by Beltz Verlag, Weinheim und Basel, Programm Beltz und Gelberg, Weinheim; S. 33: Gedicht von Erich Fried aus: Liebesgedichte, Verlag Klaus Wagenbach, Berlin 1979, s.a. Gesammelte Werke; S. 36: Text (Geburtstagsparty) leicht verändert aus: TIP Nr. 4/1996; S. 45: Gedicht (Achter-bahnträume) aus: Hans Manz, Die Welt der Wörter, 1991 by Beltz Verlag, Weinheim und Basel, Programm Beltz und Gelberg, Weinheim; S. 49: Bildgeschichte: © Erich Rauschenbach, by www.c5.net; S. 50: Text gekürzt aus: SZ vom 3.3.98 (Claudia Fischer); S. 52: Text gekürzt und geändert aus: Die Welt, 20.1.1997 (Ute Semkat); S. 53/54: Text „Der umgekehrte Lebenslauf" von Irmela Brender aus: Hans-Joachim Gelberg (Hrsg.), Der bunte Hund Nr. 47, 1997 by Beltz Verlag, Weinheim und Basel, Programm Beltz und Gelberg, Weinheim; S. 63: Text aus: AZ vom 15.12.1997, Verlag die Abendzeitung, München; S. 64: Text geändert aus: www.nora-tschirner.de/filmographie/kebab; Foto: Deutsches Filminstitut (DIF), Frankfurt/Main; S. 65: Text verändert und gekürzt aus: Freundin vom 5.11.1997; S. 66: Text (Trend zum ...) aus: jetzt Nr. 8 vom 16.2.98 (Josefine Köhn); S. 67: Texte (verändert) und Abbildungen mit freundlicher Genehmigung von FLASH Filmproduktion Armin Maiwald, Köln; S. 68: Text (Butterbrot) aus: Presse und Sprache 3/1997; S. 73: Gedicht von Ernst Ekker aus: Hrsg. Joachim Fuhrmann, Gedichte für Anfänger, rotfuchs 239, Rowohlt 1980

Wir haben uns bemüht, alle Inhaber von Bild- und Textrechten ausfindig zu machen. Sollten Rechteinhaber hier nicht aufgeführt sein, so ist der Verlag für entsprechende Hinweise dankbar.